古代歷史文化研究輯刊

二一編

王明蓀 主編

第18冊

元大都城市形態與建築群基址規模研究（下）

姜東成 著

國家圖書館出版品預行編目資料

元大都城市形態與建築群基址規模研究（下）／姜東成 著——
初版 — 新北市：花木蘭文化事業有限公司，2019〔民108〕
目 4+156 面；19×26 公分
（古代歷史文化研究輯刊 二一編；第 18 冊）
ISBN 978-986-485-736-4（精裝）
1. 都市計畫 2. 元代
618   108001504

ISBN-978-986-485-736-4

古代歷史文化研究輯刊
二一編　第十八冊　　　　　　　ISBN：978-986-485-736-4

元大都城市形態與建築群基址規模研究（下）

作　　者　姜東成
主　　編　王明蓀
總 編 輯　杜潔祥
副總編輯　楊嘉樂
編　　輯　許郁翎、王筑　美術編輯　陳逸婷
出　　版　花木蘭文化事業有限公司
發 行 人　高小娟
聯絡地址　235 新北市中和區中安街七二號十三樓
　　　　　電話：02-2923-1455／傳真：02-2923-1452
網　　址　http://www.huamulan.tw 信箱 hml 810518@gmail.com
印　　刷　普羅文化出版廣告事業
初　　版　2019 年 3 月
全書字數　217444 字
定　　價　二一編 49 冊（精裝）台幣 122,000 元　　　版權所有‧請勿翻印

元大都城市形態與建築群基址規模研究（下）

姜東成　著

第 7 章　元大都的佛教建築

7.1　元代佛教發展概況

　　蒙元統治者起自朔漠，憑武力征服的手段創建起一個橫跨歐亞疆域空前廣袤的龐大帝國。在這個「北逾陰山，西極流沙，東盡遼左，南越海表」[註1] 的帝國裏，存在著多種宗教信仰，主要包括佛教、道教、基督教、伊斯蘭教與薩滿教等。早期的蒙古人「因為不信宗教，不崇奉教義，所以，他沒有偏見，不捨一種而取另一種，也不尊此而抑彼。不如說，他尊敬的是各教中有學識的、虔誠的人，認識到這樣做是通往真主宮廷的途徑。他一面以禮相待穆斯林，一面極為敬重基督教徒和偶像教徒。他的子孫中，好些已各按所好，選擇一種宗教：有皈依伊斯蘭教的，有信奉基督教的，有崇拜偶像的，也有仍然恪守父輩、祖先的舊法，不信仰任何宗教的，但最後一類現在只是少數。他們雖然選擇一種宗教，但大多不流露任何宗教狂熱，不違背成吉思汗的札撒，也就是說，對各教一視同仁，不分彼此。」[註2] 大蒙古國時期對各種宗教採取兼容並蓄的態度，皇室成員的信仰異彩紛呈。元太祖成吉思汗、太宗窩闊台汗、憲宗蒙哥汗信奉薩滿教，定宗貴由汗信仰基督教，[註3] 成吉思汗子孫、拔都之弟別兒哥傾向於伊斯蘭教，成為欽察汗國伊斯蘭化之濫觴，

〔註 1〕　《元史》，卷五十八，志第十，地理一，1345 頁。

〔註 2〕　志費尼《世界征服者史》，22 頁，江蘇教育出版社，2005 年。

〔註 3〕　參見《世界征服者史》，第一部，貴由汗登上汗位，282～283 頁，商務印書館，2004 年。

而拔都之子撒里答則是基督教聶思脫里派教徒。大蒙古國時期皇室成員信仰情況見表7.1。

表7.1　大蒙古國時期皇室成員宗教信仰表

皇室成員	在位時間	宗教信仰或宗教傾向
成吉思汗（太祖）	1206～1227	薩滿教
窩闊台（太宗）	1229～1241	薩滿教
脫列哥那（太宗后）		基督教
孛兒只斤貴由（定宗）	1246～1248	基督教
蒙哥（憲宗）	1251～1259	薩滿教
別兒哥（欽察汗國）	1257～1266	伊斯蘭教
撒里答		基督教
唆魯禾帖尼（睿宗后）		基督教
忽必烈（世祖）	1260～1294	佛教

　　成吉思汗對全真道優禮有加，令丘處機總領天下道教，蠲免全真教團的差役賦稅，同時留意與漢地禪宗僧人的交往。成吉思汗曾遣使囑託木華黎道：

　　　　你使人來說底老長老小長老，實是告天的人，好與衣糧養活者，教做頭兒，多收拾那般人。在意告天，不揀阿誰，休欺負交達爾罕行者。〔註4〕

這裡所謂的「老長老小長老」，即臨濟宗大德中觀沼雲及其弟子海雲印簡。此後歷代可汗，都對臨濟宗頗為尊寵。貴由汗即位後詔命海雲印簡禪師統天下僧眾，忽必烈在潛邸時向海雲禪師詢問佛法大意及安天下之法，對其開示頓首受教。忽必烈曾問及「三教何教為尊，何法最勝，何人為上」，海雲答曰：「諸法之中，佛法最真，居人之中，唯僧無詐，故三教中佛教居其上，古來之式也，由是太后遵祖皇聖旨，僧居上首，仙人不得在僧之前」。〔註5〕而原本盛極一時的全真道在經歷三次與佛教大辯論之後，氣焰頓消，聲勢遠落佛教之下。〔註6〕

　　自忽必烈始，藏傳佛教受到空前的尊寵，恩渥之盛有時頗出常規。漢傳

〔註4〕　《佛祖歷代通載》，卷21，四庫全書本，1054冊，703頁。
〔註5〕　《佛祖歷代通載》，卷21，706頁，四庫全書本，1054冊。
〔註6〕　參見第八章第一節。

佛教在崇佛的背景下也獲得一定發展，地位遠高於兩宋時期。郭沫若指出元代帝王「最重視的是佛教（特別是佛教中的喇嘛教），其次是道教，然後才是基督教和伊斯蘭教」〔註7〕，是合乎事實的評價。

7.2　元大都城內的前代佛寺

元大都城內保留一些前代修建的佛寺，它們對元大都的城市形態與景觀構成起到一定的影響。許道齡在《北京佛教之傳入及佛寺之發展》一文中北京內城歷代佛寺進行統計整理〔註8〕，列出元大都城內六座前代佛寺。筆者在此基礎上，對照歷史文獻與《乾隆京城全圖》將大都城內唐、宋、遼、金佛寺列舉如下，對其位置進行推測，並分析這些前代佛寺對大都城市形態的影響。據筆者統計，大都城內前代佛寺共有八座：

1‧淤泥禪寺：建於唐貞觀二十二年（648 年），位於幽州城北。明景泰間僧秀峰於廢址上重建，額曰鷲峰寺。《日下舊聞考》：「唐淤泥寺即今鷲峰寺，鷲峰者，唐僧之號也，見唐人石刻心經中。寺在內城西隅。中有旃檀瑞相，元學士程鉅夫記。」〔註9〕「鷲峰寺在城西牆畔，寺頗湫隘，然供有旃檀佛像其中。」〔註10〕《帝京景物略》：「城隍廟之南，齊簷小構者，鷲峰寺。」〔註11〕寺址位於復興門北大街以西、復興門內大街以北，即今中國工藝美術館與百盛購物中心的位置，寺院規模較小。

2‧開元寺：建於唐開元年間，《明順天府志》言其「在崇教南坊」〔註12〕，《日下舊聞考》記「開元寺在新橋路北」，「寺創自唐開元間，歷宋元以至明宣德初再造」〔註13〕，天順四年（1460）更名為惠明寺，清乾隆年間重修並改名慈壽寺。由此可知開元寺在元代一直沿用，根據《乾隆京城全圖》中「慈壽寺」的位置與歷史文獻可以確定開元寺位於大都角頭東北，即今交道口東大街路北的位置。

〔註7〕　郭沫若《中國史稿》，第 5 冊，613 頁，人民出版社，1983 年。

〔註8〕　許道齡《北京佛教之傳入及佛寺之發展》，《史學集刊》第六期，前北平研究院史學研究所，283～373 頁，1950 年。

〔註9〕　《春明夢餘錄》，引自《日下舊聞考》，卷五十，城市，788 頁。

〔註10〕　《燕都遊覽志》，引自《日下舊聞考》，卷五十，城市，788 頁。

〔註11〕　《帝京景物略》，卷四，西城內，170 頁。

〔註12〕　《明順天府志》，引自《日下舊聞考》，卷五十四，城市，863 頁。

〔註13〕　《日下舊聞考》，卷五十四，城市，863 頁。

3‧北留寺：建於唐貞觀年間，明萬曆時五臺陸公在該寺舊址上重建昭提，額曰十方彌勒禪院〔註14〕。《宸垣識略》記「十方禪院在正義坊西直門小街觀音寺胡同」〔註15〕，可知北留寺位置亦應在此，即今西直門南小街以西、平安里西大街以北，國家環保總局的位置。

4‧祐聖寺：建於唐咸通年間，《日下舊聞考》記寺「在龍華寺之後」、「德勝門大街路北」、「嘉靖三十九年重修」，〔註16〕可知祐聖寺元時仍存，位置在今鼓樓西大街以北。

5‧翊教寺：始建於宋，《京師坊巷志稿》：「翊教寺，宋遺剎，明重修」〔註17〕，可知此寺元時沿用，位置在今西城區育教胡同路北。

6‧永安寺：始建於遼壽昌二年（1096），元時已毀，元至元中在永安寺舊址上新建寺廟，名為大聖壽萬安寺，俗稱白塔寺，位於平則門內大街路北。

7‧大慶壽寺：金世宗初年敕建，為金之慶壽宮捨宮為剎而來。〔註18〕《圖經志書》載：「慶壽寺，在時雍坊西南，金大定二十六年所建，元至元十二年重修」，〔註19〕明正統中重修易名為大興隆寺，亦稱慈恩寺〔註20〕。《析津志輯佚》中關於慶壽寺的記載至為簡略：

> 在順承門裏，近東。又云大殿之後有聖容之殿，專以奉泗州大
> 士僧伽寶公，即集慶誌公也。〔註21〕

根據這條記載，大慶壽寺的位置應在今西城區西長安街路北電報大樓附近，元時屬時雍坊。《順天府志》卷七所引《圖經志書》中關於慶壽寺的記載，可作為《析津志輯佚》「大慶壽寺」條之補充〔註22〕：

> 大殿之後有聖容之殿，專以奉泗州大士僧伽、寶公（即集慶誌

〔註14〕 《日下舊聞考》，卷五十二，城市，839頁。
〔註15〕 《宸垣識略》，卷八，內城四，146頁。
〔註16〕 《日下舊聞考》，卷五十四，城市，883頁。
〔註17〕 《京師坊巷志稿》，卷上，146頁。
〔註18〕 《析津志》：「惟大都大慶壽禪寺，故金之慶壽宮也。創於大定間，其主在位年高，捨宮為剎」，轉引自《順天府志》，卷七，寺，3頁。
〔註19〕 《順天府志》，卷七，寺，1頁，北京大學出版社，1983年。
〔註20〕 《日下舊聞考》，卷四十三，城市，686～687頁。
〔註21〕 《析津志輯佚》，寺觀，70頁。
〔註22〕 《圖經志書》中引《析津志》介紹慶壽寺的文字，《析津志輯佚》遺漏較多。黨寶海根據《永樂大典‧順天府》卷七「寺」對《析津志輯佚》「大慶壽寺」條下未收的部分進行了補充與分析，參見黨寶海《〈析津志〉佚文的新發現》，114～117頁，《北京社會科學》，1998年第3期。

公也）、賀屠兒。三眞身並係金四太子取置燕京。寺之常住之外，有
栗園二所。前代祖師以《法華經》字爲數，種栗樹。歲收栗若干石，
爲常住供眾。今聖容殿內有泗州大聖、誌公和尚、趙擔水、賀屠、
張化主，並係金四太子取到一處，名其堂曰聖容堂。寺中有梅影見
於碑石上，名「梅碑」，不曾開字。四太子，金封梁王宗弼取置於此，
迄今我朝百八十年矣。

　　國師寶塔。塔去寺西南可十武，本朝丁巳年四月四日，國師海
雲示寂，建塔於此。初贈燕趙祐聖安國大禪師、光天鎮國大士，至
元四年城京師，有司定基，正直師塔，敕命遠三十步許，環而築之。
延祐元年春三月，下詔加贈光天普照佛日圓明海雲祐聖國師，重修
其塔。敕翰林學士承旨程鉅夫撰塔銘，立於左。可庵朗公，國師之
嗣也，示寂後塔於東，亦蒙詔贈爲「魏國公」。國師塔至今九十四年。

〔註 23〕

泗州大士又名泗州大聖，是唐高宗時來華的西域僧人，法號僧伽，民間傳爲
觀音大士化身。寶公則爲南朝齊梁時高僧，即集慶寶誌和尚，傳爲十一面觀
音所化。唐宋對僧伽、寶誌的崇拜漸趨盛行，成爲全國性的跨越階層的士庶
信仰，在禪宗勃興後並未驟然式微，反而融入禪宗之中，〔註 24〕晚唐、季宋
間許多禪寺都建有崇奉僧伽、寶誌的別院或殿堂。〔註 25〕金代大慶壽寺中有
聖容堂供僧伽、寶公眞身，很可能爲禪宗寺院。金元之際海雲印簡禪師（1202
～1257 年）住持大慶壽寺，頗受元廷優禮，貴由汗曾命海雲統天下僧眾，蒙
哥即位後「以僧海雲掌釋教事」，〔註 26〕大慶壽寺逐漸發展成爲北方臨濟宗中

〔註 23〕　《圖經志書》，轉引自《順天府志》，2 頁。
〔註 24〕　在宋代，僧伽信仰被不少禪僧援引爲參禪對機的公案，甚至被用作敘述禪師
　　　　　傳奇的佐助，駐錫僧伽寺的禪僧亦不乏其人，參見黃啓江《泗州大聖僧伽傳
　　　　　奇新論──宋代佛教居士與僧伽崇拜》，《佛學研究中心學報》，第九期，177
　　　　　～220 頁，臺北，2004 年。
〔註 25〕　據《宋會要輯稿》的記載，北宋汴梁著名的皇家寺院大相國寺內建有僧伽信
　　　　　仰的泗州院，見《宋會要輯稿》，職官 25 之九至十。日本學者牧田諦亮對各
　　　　　地寺院所建泗州院堂進行過統計，參見牧田諦亮《中國に於ける民俗佛教成
　　　　　立の一過程──泗州大聖・僧伽和尚について》，《東方學報》，第二十五冊，
　　　　　創立二十五週年紀念論文集，264 頁，京都，1954 年。徐蘋芳對牧田諦亮的
　　　　　統計進行了補充，參見《僧伽造像的發現和僧伽崇拜》，《文物》，1996 年第 5
　　　　　期，50～58 頁。
〔註 26〕　《元史》，卷三，本紀第三，憲宗本紀，45 頁。

心，海雲一系也被元廷奉爲「臨濟正宗」。〔註27〕海雲禪師圓寂後，忽必烈下令在大慶壽寺西南側建九級之塔，海雲法嗣可庵朗公繼主慶壽寺，可庵示寂另建七級之塔於東，雙塔並峙，成爲大都城內一處獨具特色的宗教景觀，大慶壽寺亦因此俗稱雙塔寺。

《圖經志書》引《析津志》中文字對元朝中後期大慶壽寺發展及寺院布局進行了描述：

> 皇太子大慶壽禪寺功德院事狀。今天子即位之廿一年，至正甲午二月廿七日有旨，以大慶壽禪寺賜皇太子作功德院。越五年，戊戌正月十有一日，詹事院官啓請勒碑本寺以記其事，東宮許之。……昔者，裕宗皇帝在娠，世皇以問海雲，師對曰：「必生太子」，且預制其名。已而果然，大奇異之。及長，自燕邸居青宮之日，上思海雲之前言有徵，特以寺賜之，俾之祈天永命，以資福利。故慶壽禪寺爲儲君之功德院者，實自茲始。厥後，仁宗龍潛，亦嘗臨幸焉。
>
> ……（至正十三年）六月，詔冊皇子爲皇太子……一日，上御隆福宮光天殿，翰林學士承旨臣老童進奏曰：「大慶壽禪寺，昔世祖皇帝賜裕宗皇帝爲之功德主，今本寺主持僧臣顯儀，具疏請皇太子主是山功德。」制曰可……疏進，東宮請於上，畀以手書「大功德主」之字於疏，還鎮山門。恩寵日隆，實爲京師諸刹之甲。歲時朔望吉辰，内廷頒香幣於寺，崇敬之儀尤謹，僧眾朝夕恭對如來，諷閱經乘，端爲萬歲千秋之祝焉。
>
> ……寺内有松樾軒、明極堂，飛虹、飛渡二石橋。有轉輪經藏。常住有栗園，依（法）華經字數，每一字種栗一株，歲收此以供大眾。每歲設提點監寺。於寺之東，收貯各莊佃所納栗，如納糧制，爲數動以數千石爲率。樹若枯損，則補之，無使垂其元數。寺掌之，僧亦眾。〔註28〕

這段文字詳細記載了大慶壽寺成爲太子功德院的來由以及成爲順帝太子功德院的情況，元末大慶壽寺受元廷隆渥，聲名顯赫，甲於京師。寺内有松樾軒、

〔註27〕元仁宗曾刻玉爲印，賜與海雲再傳弟子西雲，「文曰臨濟正宗之印」，見《松雪齋文集》卷9，《全元文》，第19冊，卷599，趙孟頫，九，286頁，江蘇古籍出版社，2000年。
〔註28〕《順天府志》，卷七，寺，2～5頁。

明極堂、轉輪經藏與飛虹、飛渡二石橋，寺院東側有納栗的庫房。

8‧西劉村寺：始建於金，《日下舊聞考》：「弘慈廣濟寺舊爲西劉村寺，金時劉望雲建」〔註29〕，元代曾改建，元末西劉村寺爲兵火焚毀，〔註30〕明天順初僧普慧在寺舊址重建昭提，額曰弘慈廣濟寺。《萬安弘慈廣濟寺碑》云：「都城內西大市街北有古刹廢址，相傳爲西劉村寺。景泰間人有得佛像及石龜石柱於土中」〔註31〕，由此可知西劉村寺的位置在今阜城門大街東口路北，即今廣濟寺的位置。

許道齡文中所列大覺寺，《湛然居士集》中有這樣的記載：「遼重熙清寧間，築義井精舍於開陽門之郭，傍有古井，清涼滑甘，因以名焉。金天德三年，展築京城，仍開陽之名爲其里。大定中，僧善祖營寺，朝廷嘉之，賜額大覺。」〔註32〕可知大覺寺在義井精舍舊址上改建，應在遼南京城開陽門之郭，金中都展築京城時被納入城內。其位置在今右安門附近，元時屬大都南城。《日下舊聞考》將「義井」與「義井精舍」混淆，誤認爲大覺寺位於思誠坊，許文沿襲此誤，將大覺寺列入「北京內城佛寺表」，本文將其剔除。元大都城內前代佛寺名稱、位置、興建年代等情況如表7.2。

表7.2 元大都城內前代佛寺表

名稱（元）	更名或別名（明清）	元代地點	今地	興建年代	元代保存狀況	宗教派別
淤泥禪寺	鷲峰寺	金城坊城隍廟南	復興門內大街路北	唐貞觀間	沿用	禪宗
開元寺	惠明寺、慈壽寺	大都角頭東北	交道口東大街路北	唐開元間	沿用	
北留寺	十方彌勒禪院	由義坊	西直門南小街西	唐貞觀間	沿用	
祐聖寺		地近海子	鼓樓西大街路北	唐咸通間	沿用	
翊教寺		太平坊	育教胡同路北	宋	沿用	

〔註29〕《日下舊聞考》，卷五十一，城市，823頁。

〔註30〕《弘慈廣濟寺新志》。

〔註31〕《日下舊聞考》，卷五十一，城市，822頁。

〔註32〕《湛然居士集》，引自《日下舊聞考》卷四十八，城市，771頁。

永安寺	大聖壽萬安寺、白塔寺	福田坊平則門內大街路北	阜城門內大街白塔寺	遼壽昌二年	已毀，至元間重建	
大慶壽寺	大興隆寺、慈恩寺	時雍坊內順承門內大街東	西長安街路北	金大定間	沿用，至元十二年重修	禪宗
西劉村寺	弘慈廣濟寺	鳴玉坊	阜城門大街東口路北廣濟寺	金	元代改建，元末廢毀	

　　元大都建設的時候，對前代佛寺儘量予以保留，這些前代佛寺的位置無疑會對大都市形態與街道布局產生影響。從「金中都城圖」中可以看到，今日宣武門內大街、西單北大街南北一線正對金中都北牆的光泰門，金代所建的大慶壽寺與西劉村寺恰位於此線東、西兩側。（圖 7.1）由此推測金代光泰門外有一南北通衢，元大都保留金代的大慶壽寺與西劉村寺，也將金中都光泰門外的大道加以修整，改作城市乾道，即順承門內大街。再如，海雲、可庵禪師示寂後，忽必烈命在大慶壽寺西南建雙塔，至元四年（1267）建設大都之時，按原規劃確定的南城牆位置「正值師塔」，「敕命遠三十步許環而築之」。〔註33〕

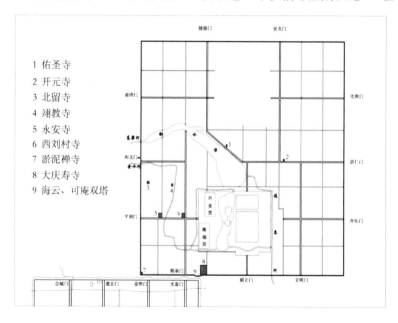

1 佑圣寺
2 开元寺
3 北留寺
4 翊教寺
5 永安寺
6 西刘村寺
7 淤泥禅寺
8 大庆寿寺
9 海云、可庵双塔

圖 7.1　元大都城內前代佛寺分佈圖

〔註33〕《順天府志》，北京大學出版社，1983 年，2 頁。

元大都城內的八座前代寺廟中，七座位於大都城中軸線西側，元大都以及明、清北京城寺觀集中於西城的特點已初露端倪。

7.3　元大都的敕建佛寺

元大都敕建佛寺是指由國家出資修建的大都城內及周邊的皇家佛寺。自世祖忽必烈始，藏傳佛教受到空前的尊崇，地位遠在其他宗派之上。忽必烈至元七年（1270）封西藏佛教薩迦派高僧八思巴爲帝師，賜以玉印，並在大都設立宣政院，〔註34〕令其統領天下佛教與吐蕃地區軍政諸務。此後歷代帝師都由薩迦派高僧擔任，元帝登基前必須受帝師灌頂授戒，因此可以說「都是藏傳佛教薩迦派之弟子」，〔註35〕踐祚後都在大都城內與郊區修建的佛寺均爲藏傳佛教寺院。敕建佛寺由於與元室關係密切，其分佈位置、建築等級、基址規模都是一般佛寺無法比擬的，終元之世享有特殊的地位，經常受到元廷各種恩賜。

根據《元史》、《析津志輯佚》、《日下舊聞考》等史料記載，筆者統計元大都敕建佛寺共有大護國仁王寺、西鎮國寺、大聖壽萬安寺、大興教寺、大承華普慶寺、大天壽萬寧寺、大崇恩福元寺（南鎮國寺）、大永福寺（青塔寺）、黑塔寺、大天源延聖寺、大承天護聖寺（西湖寺）、壽安山寺（大昭孝寺、洪慶寺）十二座。《元史·文宗紀》云：「（至順二年五月）丙戌，太禧宗禋院臣言：『累朝所建大萬安等十二寺，舊額僧三千一百五十人，歲例給糧』」，〔註36〕可知至順二年（1331）時大都地區的敕建佛寺共十二座，與筆者根據史料統計的敕建佛寺的數目完全符合。

元大都敕建佛寺的研究，已經取得一定的成果。陳高華《元代大都的皇家佛寺》對元大都皇家佛寺概況、寺院經濟、寺院組織進行了論述，〔註37〕日本學者大藪正哉《關於太禧宗禋院》論及元朝佛教盛事，對照《元史》「本紀」中的記載將元朝佛事整理列表，〔註38〕中村淳《從元代法旨上所看到的

〔註34〕　忽必烈至元初年（1264）在大都設總制院，至元二十五年（1288）更名爲宣政院。

〔註35〕　任宜敏《中國佛教史 元代》，6 頁，人民出版社，2005 年。

〔註36〕　《元史》，卷三十五，本紀第三十五，文宗四，784 頁。

〔註37〕　陳高華《元代大都的皇家佛寺》，《世界宗教研究》，1992 年第 2 期。

〔註38〕　（日）大藪正哉《關於太禧宗禋院》，日刊《社會文化史學》，七，1971 年。

歷代帝師的住所——大都的花園大寺和大護國仁王寺》一文認爲帝師在大都的居所是察必皇后爲八思巴修建的大護國仁王寺，並進一步指出該寺爲藏傳佛教建築形式，〔註39〕中村淳《元大都敕建寺院概述》對敕建佛寺神御殿進行了論述，認爲元大都沉浸在藏傳密教的獨特氛圍中。〔註40〕

本節在已有研究的基礎上，對照《元史》、《析津志》、《明一統志》、《日下舊聞考》等文獻記載，釐清元大都敕建佛寺的興建沿革，對元大都敕建佛寺的分佈特點進行分析，確定寺院的基址規模，並進一步對其平面布局進行探討，揭示元大都敕建佛寺建築模式中蒙、藏、漢三種因素的影響。

7.3.1　元大都敕建佛寺的分佈特點

藏傳佛教寺院基址的選擇，通常是由精通天文曆算的喇嘛來完成的，需要根據風水學說的要求，確定寺院的建築位置與朝向。藏傳佛教對寺院選址有明確的要求，「寺院應建在這樣一塊地方：背靠大山，襟連小丘，兩條河從左右兩側流過，交匯於前，寺院就座落在水草豐茂的谷地中央」，〔註41〕即寺院應位於山環水繞、生氣旺盛的地方。

從元大都敕建佛寺分佈圖中可以看到，元大都敕建佛寺皆建於山際或水畔，自然條件非常優越，符合藏傳佛寺選址的風水要求。其中，大承天護聖寺、大護國仁王寺、西鎮國寺位於高梁河旁，大天壽萬寧寺位於海子旁，青塔寺、黑塔寺、大聖壽萬安寺、大興教寺在金水河旁，壽安山寺、大天源延聖寺在西山山麓中，大崇恩福元寺地近涼水河。（圖7.2）

元初，西山諸峰就已成爲士庶宴集、遊覽踏青的勝地，王惲《遊玉泉山記》對山水勝景讚賞道：「□□凝空，清和扇物，雲光湖水，倒影一碧」，〔註42〕香山有棋盤石、蟾蜍石、夢感泉、護駕松等景致，盧師山亦多山林佳趣。金水河、通惠河開鑿濬通後，玉泉山下泉水匯注而成之西湖通過高梁河與海

〔註39〕　（日）中村淳《從元代法旨上所看到的歷代帝師的住所——大都的花園大寺和大護國仁王寺》，《待兼山論叢》，27，史學篇，1993年。

〔註40〕　（日）中村淳《元大都敕建寺院概述》，《東洋史研究》，第58卷，第1號，平成11年6月，轉引自寶力格（Bular）的譯文，《蒙古學信息》，2003年第1期。

〔註41〕　Gateway to the temple: manual of Tibetan monastic customs, art, building and celebrations, Kathmandu: Ratna Pustak Bhandar, 1979，轉引自張斗，《藏式佛教建築研究》，39頁，天津大學建築學院學位論文。

〔註42〕　王惲《遊玉泉山記》，53頁，《全元文》，6冊，卷一六九。

子相連，沿線設有十道閘門，舟船可以在海子與西湖間行駛。元帝時常泛舟
臨幸西山，如《元史》記載文宗至順三年（1332）三月，「以帝師泛舟於西山
高梁河，調衛士三百挽舟」。〔註43〕大承天護聖寺、大護國仁王寺、西鎮國寺、
大天壽萬寧寺均在海子至西湖間的水道旁，壽安山寺、大天源延聖寺在西山
山麓之中，寺院選址與元帝遊幸活動直接相關。

　　元大都城南涼水河畔有一片河湖密佈、水草豐茂之地，原為遼、金帝王
漁獵遊樂之所，元世祖中統四年（1263）在此興建皇家苑囿，名為「下馬飛
放泊」。《元史・兵志》載：「冬春之交，天子或親幸近郊，縱鷹隼搏擊，以為
遊豫之度，謂之飛放」，〔註44〕，元帝冬春之際經常來此行圍打獵，臨幸遊賞。
明清兩朝增廣其地，屢有擴建，更名為南苑，位置即今南苑所在地。

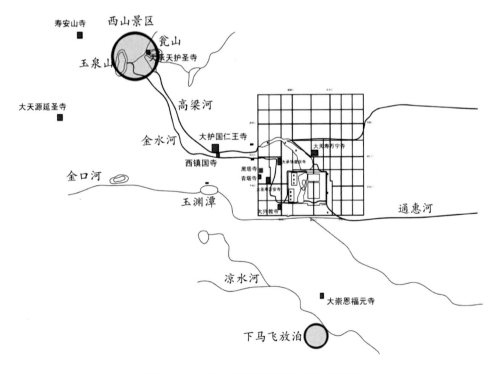

圖 7.2　元大都敕建佛寺分佈圖

　　姚燧《崇恩福元寺碑》直接點出大崇恩福元寺位置與皇帝巡幸線路的關
係：「惟以其日，鑾輅親巡，胥地所宜，於都城南，不雜闤闠，得是吉卜，敕

〔註43〕《元史》，卷三十六，本紀第三十六，文宗五，802 頁。
〔註44〕《元史》，卷一百一，志第四十九，兵四，2599 頁。

行工曹，釁其外垣爲屋」，〔註45〕可知大崇恩福元寺是武宗海山親自選址，位置在大都城南元帝巡幸路旁，寺院環境清幽，風景優美，具有皇帝出行臨時駐蹕處所之性質。

元大都城內的六座敕建佛寺中五座分佈在城西，唯大天壽萬寧寺位於城市南北中軸線上。隆福、興聖二宮位於皇城西側，城內敕建佛寺距兩宮較近，便於皇室成員出皇城西牆紅門前往祈福。

由此可見，元大都敕建佛寺的選址既滿足藏傳佛寺選址的風水要求，又與元帝西山、下馬飛放泊遊幸活動及泛舟出行的交通方式直接相關，同時便於皇室成員前往。敕建佛寺宏偉壯麗，融入山水之中，時有大型的佛事活動，成爲元大都重要的宗教景觀，吸引全城士庶競相觀覽。

7.3.2　元大都敕建佛寺的建築模式與基址規模

元末義軍蜂起，元大都敕建佛寺遭徹底破壞，只能通過碑銘石刻等文獻記載、歷史地圖並結合實地踏勘，推知寺院格局與基址規模。其中，輯自《經世大典·工典》的《元代畫塑記》一書，記錄了元代成宗至文宗朝宮苑衙寺中雕塑、畫像所需工料情況，其中提到元大都敕建佛寺中部分殿堂樓閣名稱及位置，對瞭解寺院布局大有裨益。下文概述元大都敕建佛寺興建沿革，對敕建佛寺的基址規模進行推測，並對建築平面布局進行復原。

（一）大聖壽萬安寺

興建沿革　白塔寺位於平則門內大街路北，始建於遼壽昌年間，原名永安寺。元代在永安寺舊址上新建寺廟，名爲大聖壽萬安寺，元末遭雷火焚毀。明景泰年間重建，敕名妙應寺。因寺中有一座元初尼泊爾工匠阿尼哥修建的白塔，所以自元代開始便俗稱白塔寺。

大聖壽萬安寺是元代皇室興建的重要工程之一，在元大都佔有重要地位。學界普遍認爲寺廟的修建在白塔竣工之後，但對白塔的創建年代莫衷一是。〔註46〕宿白考證出塔記即《至元辯僞錄》中所載之《聖旨特建釋迦舍利

〔註45〕《牧庵集》，卷十，500頁，四庫全書本，1201冊。

〔註46〕關於白塔的始建時間，大約有遼壽昌二年（1096）、元至元八年（1271）與至元十六年（1279）三種説法。明人蔣一葵《長安客話》與劉侗、於奕正《帝京景物略》認爲白塔創建於遼壽昌二年（1096），明人沈榜《宛署雜記》認爲白塔初創於至元八年（1271），清代的駐京大活佛、第三世章嘉呼圖克圖在《京

靈通之塔碑文》，其中明確提到「至元八年三月二十五日，帝後閱，愈加崇重，即迎其舍利，立斯寶塔」，〔註47〕說明白塔是爲供奉遼塔中發現的舍利而建，其初創年代應爲至元八年（1271），竣工年代則爲至元十六年（1279）。〔註48〕

　　白塔的形式是典型的藏式喇嘛塔，由塔基、塔身、塔刹三部分組成，造型穩重渾厚，塔刹高聳入雲，是大都城內一處重要的宗教景觀。白塔竣工後，忽必烈下令以白塔爲中心興建大聖壽萬安寺，以安奉旃檀瑞像，「庶一切人俱得瞻禮」，〔註49〕並親自確定寺院的基址規模與建築布局，「帝建大聖壽萬安寺，帝制四方，各射一箭，以爲界至」。〔註50〕忽必烈對該寺的建設極爲重視，至元二十二年（1285）十二月命「中衛軍四千人伐木五萬八千六百，給萬安寺修造」。〔註51〕寺廟在至元二十五年（1288）夏四月完工，「佛像及窗壁皆金飾之，凡費金五百四十兩有奇、水銀二百四十斤。」〔註52〕當監修官奏請在兩廊中安請佛像時，世祖決定「不須塑泥佛，只教活佛住」，〔註53〕在東西廊廡中設置僧舍。

　　大聖壽萬安寺規模宏大，建築精美，「其殿陛闌楯一如內廷之制」。〔註54〕主體建築完工以後，世祖親自主持了奉迎旃檀佛像的儀式，至元二十六年（1289）「自仁壽殿奉迎於寺之後殿，世祖躬臨，大作佛事」，〔註55〕「命帝

　　　　西門白塔因緣志》也認爲白塔初建年代爲至元八年，文物博物館研究資料室
　　　　在《文物》1961 年第 4、5 期上發表《第一批全國重點文物保護單位中的古建
　　　　築》與於柯在《考古》1962 年第 5 期上發表的《關於北京妙應寺白塔的創建
　　　　年代》也持同樣看法。黃盛璋在《現代佛學》1961 年第 4 期發表《北京白塔
　　　　寺的白塔創建年代與中尼文化交流》一文中認爲白塔始建年代爲至元十六年
　　　　（1279）。
〔註47〕　宿白《元大都〈聖旨特建釋迦舍利靈通之塔碑文〉校注》，《藏傳佛教寺院考
　　　　古》，322～337 頁，文物出版社，1996 年。另參見熊文彬《妙應寺白塔》，《元
　　　　代藏漢藝術交流》，85～92 頁，河北教育出版社，2003 年。
〔註48〕　程鉅夫奉敕爲阿尼哥撰寫的《涼國公敏慧公神道碑》碑文載：「（至元）十六
　　　　年，建聖壽萬安寺，浮圖初成，有奇光燭天。」《雪樓集》，卷七，84 頁，四
　　　　庫全書本，1202 冊。
〔註49〕　《佛祖歷代通載》，卷二十二，746 頁，四庫全書本，1054 冊。
〔註50〕　《佛祖歷代通載》，卷二十二，746 頁，四庫全書本，1054 冊。
〔註51〕　《元史》，卷十三，本紀第十三，世祖十，282 頁。
〔註52〕　《元史》，卷十五，本紀第十五，世祖十二，311 頁。
〔註53〕　《佛祖歷代通載》，卷二十二，747 頁，四庫全書本，1054 冊。
〔註54〕　《元史》，卷五十一，志第三下，五行二，1101 頁。
〔註55〕　《佛祖歷代通載》，卷二十二，762 頁，四庫全書本，1054 冊。

師及西僧作佛事坐靜二十會」。〔註56〕世祖朝後，元代諸帝對大聖壽萬安寺都頗爲重視，不斷進行增建，成宗朝時在寺內修建了祭祀世祖與裕宗的神御殿（亦稱原廟、御容殿、影堂），「置世祖影堂於殿之西，裕宗影堂於殿之東，月遣大臣致祭」。〔註57〕武宗時也曾對大聖壽萬安寺進行修建，並「置萬安規運提點所」，〔註58〕仁宗時又爲五間殿與四座八角樓「塑造大小佛像一百四十尊」。〔註59〕直到元末大聖壽萬安寺因雷擊被焚之前，該寺建設工程未嘗間斷。至正二十八年（1368）六月甲寅，「雷雨中有火自空而下，其殿脊東鼇魚口火焰出……唯東西二影堂神主及寶玩器物得免，餘皆焚毀」，〔註60〕其時距元順帝北遁不過兩月，〔註61〕元廷已無力再籌恢復。今日妙應寺規模，大體沿襲明景泰再建之制，寺中所存元代遺跡除白塔外，似僅三佛殿、七佛殿兩殿基及兩殿基間之穿廊基，即所謂工字廊基而已。〔註62〕明初在大聖壽萬安寺故址西北建朝天宮，寺院故址的北側部分亦被納入朝天宮中。〔註63〕

主要活動　大聖壽萬安寺是元代皇室祈福之所，元廷很多重要的佛事活動都在大聖壽萬安寺舉行，如《元史》中記載，至元十六年（1279）十二月，「帝師亦憐眞卒。敕諸國教師禪師百有八人，即大都萬安寺設齋圓戒，賜衣。」〔註64〕至元二十三年（1286）「以亦攝思憐眞爲帝師」，「命西僧遞作佛事於萬壽山、玉塔殿、萬安寺，凡三十會。」〔註65〕至元二十六年（1289）世祖「幸大聖壽萬安寺，置旃檀佛像，命帝師及西僧作佛事坐靜二十會。」〔註66〕至元二十七年（1290）「命帝師西僧遞作佛事坐靜於萬壽山厚載門、茶罕腦兒、聖壽萬安寺、桓州南屏庵、雙泉等所，凡七十二會。」〔註67〕至元二十八年

〔註56〕《元史》，卷十五，本紀第十五，世祖十二，329頁。

〔註57〕《元史》，卷五十一，志第三下，五行二，1101頁。

〔註58〕《元史》，卷八十七，志第三十七，百官三，2213頁。

〔註59〕《元代畫塑記》，15頁，人民美術出版社，1964年。

〔註60〕《元史》，卷五十一，志第三下，五行二，1101頁。

〔註61〕《元史》：「（至正二十七年閏七月）至夜半，開健德門北奔」，卷四十七，本紀第四十七，順帝十，986頁。

〔註62〕宿白《元大都〈聖旨特建釋迦舍利靈通之塔碑文〉校注》，《藏傳佛教寺院考古》，336頁。

〔註63〕參見第8章。

〔註64〕《元史》，卷十，本紀第十，世祖七，218頁。

〔註65〕《元史》，卷十四，本紀第十四，世祖十一，294頁。

〔註66〕《元史》，卷十五，本紀第十五，世祖十二，329頁。

〔註67〕《元史》，卷十六，本紀第十六，世祖十三，343頁。

（1291）「令僧羅藏等遞作佛事坐靜於聖壽萬安、涿州寺等所，凡五十度」。〔註68〕元貞元年（1295）正月「壬戌，以國忌，即大聖壽萬安寺飯僧七萬」。〔註69〕至治三年（1323）夏四月，「敕京師萬安、慶壽、聖安、普慶四寺，……作水陸佛事七晝夜」。〔註70〕同時，大聖壽萬安寺也是元廷每年舉行元正受朝儀、天壽聖節受朝儀、郊廟禮成受賀儀與皇帝即位受朝儀前百官習儀之所。〔註71〕胡助在《純白齋類稿》中記述在大聖壽萬安寺觀習儀的情景：

> 衛士金吾塞梵宮，旌麾妍麗映寒空。仿陳元會千官肅，恭習朝
>
> 儀萬國同。禮樂雍容全盛日，衣冠文雅太平風。小儒拭目還心醉，
>
> 歸對書燈守歲窮。〔註72〕

成宗時在大聖壽萬安寺建供奉世祖與裕宗御容的神御殿，每月遣大臣致祭，並時常命國師、西僧在殿內作佛事，直至元終，如致和元年（1328）泰定帝「遣使祀世祖神御殿」，〔註73〕天曆二年（1329）仁宗「幸大聖壽萬安寺，作佛事於世祖神御殿」。〔註74〕至治元年（1321）英宗又在寺內供奉仁宗御容。〔註75〕

　　此外，大聖壽萬安寺也是最早譯印蒙文、畏兀文佛經的場所，在元大都宗教、政治、文化方面都佔有重要地位。

　　基址規模　大聖壽萬安寺在今白塔寺的位置，只是規模遠大於白塔寺。寺院用地由世祖親自確定，「帝制四方，各射一箭，以爲界至」，〔註76〕由此可見寺院基址應近乎方形。古代的一箭之地約在 120～150 步間，按元代 1 步1.575 米折算，約合 189～236 米。今日白塔寺入口在阜成門內大街北側，阜成門內大街即元大都平則門內大街，可以確定今日白塔寺入口應爲元代大聖

〔註68〕　《元史》，卷十六，本紀第十六，世祖十三，354 頁。

〔註69〕　《元史》，卷十八，本紀第十八，成宗一，390 頁。

〔註70〕　《元史》，卷二十八，本紀第二十八，英宗二，630 頁。

〔註71〕　《元史》「元正受朝儀」條：「前期三日，習儀於聖壽萬安寺。或大興教寺」，卷六十七，志第十八，禮樂一，1666 頁。「天受聖節受朝儀、郊廟禮成受賀儀、皇帝即位受朝儀」條：「前期三日，習儀於萬安寺」，卷六十七，志第十八，禮樂一，1669 頁。

〔註72〕　《純白齋類稿》，卷八，萬安寺觀習儀，599 頁，四庫全書本，1214 冊。

〔註73〕　《元史》，卷三十，本紀第三十，泰定帝二，687 頁。

〔註74〕　《元史》，卷三十三，本紀第三十三，文宗二，734 頁。

〔註75〕　《元史》：「（至治元年秋七月）己亥，奉仁宗及帝御容於大聖壽萬安寺」，卷二十七，本紀第二十七，英宗一，613 頁。

〔註76〕　《佛祖歷代通載》，卷 22，四庫全書本，1054 冊，746 頁。

壽萬安寺山門的位置。白塔距今日寺院入口 170 米，接近「一箭之地」的距離，說明世祖劃定寺界時很可能是以白塔為中心向四方各射一箭的。從今日北京地圖上量得，白塔與西側的宮門口橫胡同間的距離為 195 米，東至趙登禹路與阜成門內大街（即元大都金水河與平則門內大街）交點南北一線為 140 米，距安平巷北側的第一條東西向胡同 185 米，大致符合「一箭之地」的說法。由此可以確定大聖壽萬安寺的基址範圍為：東抵趙登禹路與阜成門內大街交點南北一線，南抵今阜成門內大街，西抵宮門口橫胡同，北抵安平巷北側第一條胡同，基址東西 335 米，南北 355 米。元大都大聖壽萬安寺的基址規模約為 200 畝。元貞元年（1295）成宗在大聖壽萬安寺一次竟「飯僧七萬」，〔註77〕可見寺院 200 畝的基址規模是較為合理的。（圖 7.3）

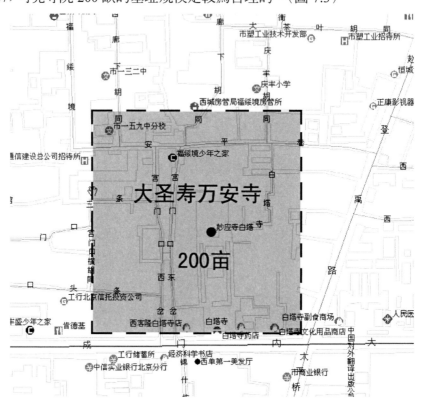

圖 7.3　大聖壽萬安寺用地範圍

平面布局　《元代畫塑記》載大聖壽萬安寺的建築布局：

〔註77〕《元史》，卷18，本紀第18，成宗一，390 頁。

　　仁宗皇帝皇慶二年八月十六日。敕院使也訥。大聖壽萬安寺
內。五間殿八角樓四座。令阿僧哥提調。某佛像計並稟搠思哥、斡
節兒、八哈失塑之。省部給所用物。塑造大小佛像一百四十尊。東
北角樓尊聖佛七尊。西北垛樓內山子二座。大小龕子六十二。內菩
薩六十四尊。西北角樓朵兒只南碑一十一尊。各帶蓮花座光焰等。
西南北角樓馬哈哥剌等一十五尊。九曜殿星官九尊。五方佛殿五方
佛五尊。五部陀羅尼殿佛五尊。天王殿九尊。東西角樓四背馬哈哥
剌等一十五尊。〔註78〕

可以看到，大聖壽萬安寺以白塔爲中心，寺內有五間殿、八角樓各四座，四
隅建有四座角樓，並有九曜殿、天王殿、五部陀羅尼殿等建築。以射箭定寺
界的做法源自建於 1087 年的西藏夏魯寺，〔註79〕忽必烈仿傚這一做法，並任
命八思巴異母弟亦憐眞直接參與大聖壽萬安寺的設計建造，大聖壽萬安寺的
平面布局必然會體現出藏傳佛教寺院的特色。

（二）大承華普慶寺：

興建沿革　大承華普慶寺是元大都城內幾處大型佛寺之一，位置在今西
城區平安里大街以北的寶產胡同附近。姚燧在《普慶寺碑》中記：

　　大承華普慶寺者，皇帝爲皇祖妣徽仁裕聖太后報德作也。……
會太官塔納監龍興還，由老無子，自薄藏獲數千指，牛羊馬駝蹄角
亦數千，田產貲貨猶不與存，盡獻之隆福宮。裕聖則曰：吾何庸斯
其賜！今皇上四年，裕聖上遷，撤是獻屋，爲殿三楹，事佛妥靈，
以盡孝思。……明年至大之元，視昔所作圖報弗稱，乃慨歎曰：德
一時也，時則二焉。始之報也，吾未出閣惟其身，今也登茲元，良
可不爲天下報！乃市民居倍售之，占跨有數坊。〔註80〕

由此可見，寺院最初的基址爲太官塔納監龍興的宅第，大德四年（1300）裕
宗徽仁裕聖太后去世後，成宗將此宅改爲佛寺，建有三間的佛殿。武宗朝時，
皇太子愛育黎拔力八達感念太后教導之恩，於至大元年（1308）購得周圍的

〔註78〕　《元代畫塑記》，佛像，15 頁。
〔註79〕　參見 Roberto Vitali，Shalu Serkhang and the Newar Style of the Yuan Court，113
　　　　頁，note 2，轉引自《大汗的世紀：蒙元時代的多元文化與藝術》，臺北：故
　　　　宮博物院，2001 年，254 頁。
〔註80〕　《牧庵集》，卷十一，普慶寺碑，507～508 頁，四庫全書本，1201 冊。

民居，將成宗朝所建佛寺擴爲「跨有數坊」的大承華普慶寺。

　　大承華普慶寺寺內也設有皇室神御殿，英宗至治元年（1321）二月「作仁宗神御殿於普慶寺」，〔註81〕泰定元年（1324）在寺內「祀太祖、太宗、睿宗御容」，〔註82〕此外，順宗帝、后御容也在寺內。寺內共供奉五位皇帝御容，可見該寺與皇室關係之密切。

　　元末寺院廢毀，明代時已完全湮沒不存，成化年間內官麻俊在元代寺基上復建佛寺，更名爲寶禪寺。《日下舊聞考》載：「寶禪寺在崇國寺之街西，即元大承華普慶寺也。成化庚寅，供用庫內官麻俊買地治宅，掘土得趙承旨碑，始知爲寺基。乃復建佛殿，山門廊廡廚庫悉具，聞於朝，改賜額曰寶禪寺」。〔註83〕從《乾隆京城全圖》中可以找到寶禪寺的位置，爲三進院落，山門三間，天王殿三間，大殿五間，後殿五間，基址規模已遠不及元代大承華普慶寺。（圖7.4）

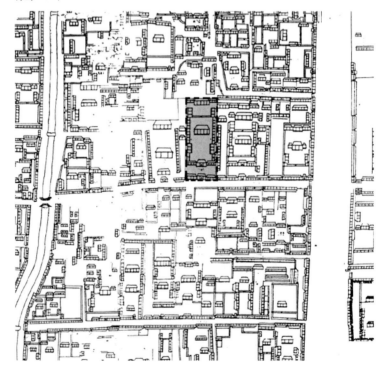

圖7.4　《乾隆京城全圖》中的寶禪寺

〔註81〕《元史》卷二十七，本紀第二十七，英宗一，610頁。
〔註82〕《元史》，卷二十九，本紀第二十九，泰定帝一，650頁。
〔註83〕《日下舊聞考》，卷五十二，城市，834頁。

基址規模　大承華普慶寺是在民宅基址之上建造的，因而其基址規模必然受大都城市平格網控制，寺院南北方向長度應接近相鄰兩條胡同間距的整數倍，東西方向長度當爲 44 步的整數倍，〔註84〕寺院具體的基址範圍需結合史料進行推斷。

從《乾隆京城全圖》可以看到，清代寶禪寺之南另有一座普慶寺。《宛署雜記》城內寺院條列有此寺，言其「遼天曆三年創，天順庚辰重建」，〔註85〕《京師五城坊巷胡同集》西城鳴玉坊條下也收有「普慶寺」，〔註86〕可知此寺原爲遼剎，明英宗朝重建。姚燧《普慶寺碑》記載武宗朝對大承華普慶寺進行擴建時，「乃市民居倍售之」，未見利用古剎舊基之語，而萬曆年間沈榜撰《宛署雜記》時仍可斷言明之普慶寺爲遼剎舊址，可以確定明英宗朝重建寺院時古剎故基猶存，從而說明這座遼代寺院在元代仍然沿用，其地不在大承華普慶寺基址範圍以內。明清寶禪寺是明成化間內官麻俊在元之大承華普慶寺寺基上修建的，位置在今西城區平安里寶產胡同路北，屬元之大承華普慶寺基址範圍，由此可以確定元之大承華普慶寺南界應在今寶產胡同一線。

今日西城區寶產胡同以北，西直門內大街以南，趙登禹路以東，新街口南大街以西的地塊元明時屬鳴玉坊，這一地塊中唯有前公用胡同東西方向貫通，推測其很有可能爲大承華普慶寺基址範圍之北界。前公用胡同明代稱供用庫胡同，《乾隆京城全圖》中稱前公用庫胡同，從今日北京地圖上可以量得前公用胡同南緣與寶產胡同北緣間的距離爲 369 米，約爲 234.5 步。

從《乾隆京城全圖》量得，寶禪寺西垣距西大市街（今新街口南大街）的距離爲 156 米，約爲 99 步，並非標準住宅基址東西方向長度 44 步的整數倍，可以確定大承華普慶寺基址範圍西界應在寶禪寺西垣之西。

《乾隆京城全圖》中寶禪寺之西爲正法寺，爲明代敕建寺院，乾隆二十

〔註84〕 大都城初建成時，忽必烈下詔「舊城居民之遷京城者，以貲高及居職者爲先，仍定制以地八畝爲一分。其或地過八畝及力不能作室者，皆不得冒據，聽民作室。」大都城相鄰兩條胡同中線間距爲 77 米，約合 50 步，去掉胡同本身 6 步的寬度，則城內住宅南北方向長度爲 44 步。按「八畝一分」的住宅用地規定，可以求得每戶住宅東西方向長度爲 8×240／44＝43.6 步，約 44 步，參見第 2 章第 6 節。大承華普慶寺在民宅宅基上興建，東西方向長度應爲 44 步的整數倍。

〔註85〕 《宛署雜記》，196 頁。

〔註86〕 《京師五城坊巷胡同集》，12 頁。

一年（1756）改額爲正覺寺。〔註 87〕《宛署雜記》載此寺爲「成化乙未太監
黃高建」，〔註 88〕其始建年代稍晚於寶禪寺。從《乾隆京城全圖》量得正法寺
西垣距西大市街的距離爲 208 米，約合 132 步，爲 44 步的 3 倍，恰可容下 3
戶住宅，正法寺西垣很可能爲元代大承華普慶寺基址範圍之西界。（圖 7.5）

今日前帽胡同、後帽胡同間距約合元代 44 步，可以說明這兩條胡同爲元
大都初建時所規劃的，胡同東段斷裂說明此地曾爲較大規模建築群之基址範
圍，可爲上文對大承華普慶寺基址範圍的推斷提供佐證。元末大承華普慶寺
廢毀，其址析爲民居，原有用地範圍內出現一些不規則的胡同，如今日北帽
胡同等。

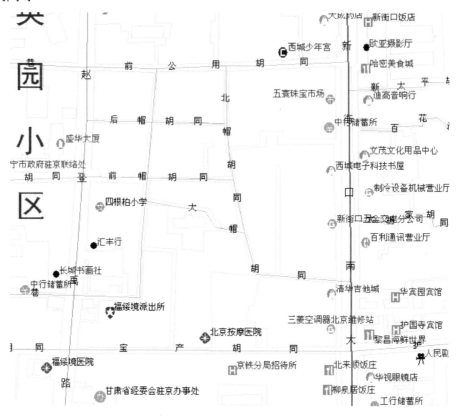

圖 7.5　大承華普慶寺所在位置

〔註 87〕《日下舊聞考》：「正法寺在寶禪寺西，乾隆二十一年，官因其舊修葺之，改
　　　　　額曰正覺」，卷五十二，833 頁。
〔註 88〕《宛署雜記》，僧道，196 頁。

由此，可以確定大承華普慶寺的基址範圍東西 132 步，南北 234.5 步，基址規模約爲 128.9 畝，與趙孟頫所言寺院用地「百畝者二」即 120 畝大致符合。按 11×12.5 步作出細化的大都城市平格網，可以看到，大承華普慶寺基址邊界皆在網格線上。(圖 7.6)

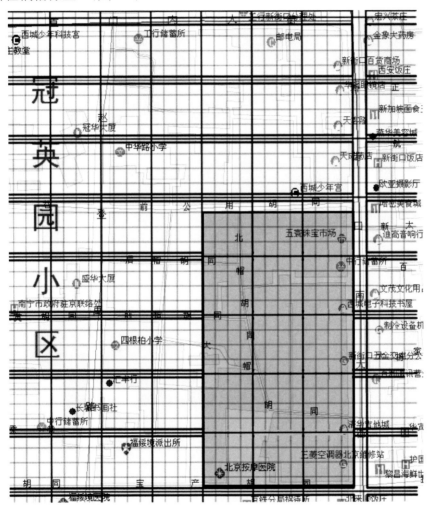

圖 7.6　大承華普慶寺用地範圍與細化的大都城市平格網關係

平面布局　對大承華普慶寺平面布局的記載，主要有姚燧的《普慶寺碑》碑銘與趙孟頫的《大普慶寺碑銘》。姚燧在《普慶寺碑》中記錄了武宗時普慶寺平面布局：

　　　　直其門爲殿七楹，後爲二堂，行寧屬之，中是殿堂，東偏仍故

殿，少西疊覽為塔，又西再為塔，殿與之角峙。自門徂堂，廡以周
之，為僧徒居。中建二樓，東廡通庖井，西廡通海會，市為列肆，
月收僦贏，寺須是資，大抵撫擬大帝所為聖壽萬安寺而加小其磐礎
之安、陛阨之崇、題窓之寯、藻繪之輝，巧不劣焉，亦大役也。未
嘗發民一夫，皆庸工為之，其費一出宮帑。〔註89〕

趙孟頫《大元大普慶寺碑銘》對寺院建築格局記載更詳：

上緬懷疇昔報本之意，乃命大創佛宇，因其地而擴之，凡為百
畝者二。鳩工度材，萬役並作，置崇祥監以董其事。其南為三門，
直其北為正覺之殿，奉三聖大象於其中。殿北之西偏為最勝之殿，
奉釋迦金像，東偏為智嚴之殿，奉文殊普賢觀音三大士。二殿之間，
對峙為二浮圖。浮圖北為堂二，屬之以廊，自堂徂門，廡以周之。
西廡之間為總持之閣，中寘寶塔經藏環焉。東廡之間為圓通之閣，
奉大悲彌勒金剛手菩薩。齋堂在右，庖井在左，最後又為二門，西
曰眞如，東曰妙祥。門之南東西又為二殿，一以事護法之神，一以
事多聞天王。合為屋六百間，盤礎之固，陛阨之崇，題窓之寯，藻
繪之工，若忉利㙛率化出人間。〔註90〕

大承華普慶寺正南為山門，其北正對山門是七間的正覺殿，供奉三聖大象。
正覺殿後西偏為供奉釋迦金像的最勝殿，東偏為供奉文殊、普賢、觀音三大
士的智嚴殿。最勝殿與智嚴殿間寺院軸線兩側對峙建有二塔，塔北有二堂。
自堂至山門間以廊廡環繞，東西兩廡間各起高閣，西為供奉寶塔經、藏環的
總持閣，東為供奉金剛手菩薩的圓通閣，廊廡中建有供僧徒居住的僧舍。庖
井與齋堂在寺院軸線東西兩側對稱布置。寺院最北端設眞如、妙祥二門，門
南東西的兩座殿堂分別供奉護法神與多聞天王。

姚燧《普慶寺碑》云「大抵撫擬大帝所為聖壽萬安寺而加小其磐礎之安、
陛阨之崇、題窓之寯、藻繪之輝」，大承華普慶寺以大聖壽萬安寺為坯本進行
創作，推測亦設四座角樓。《元代畫塑記》載大天源延聖寺幡杆「依普慶寺製
造」，可知大承華普慶寺寺院入口處設有一對幡杆。由此，可以繪出大承華普
慶寺平面復原圖。(圖 7.7)

〔註89〕《牧庵集》，卷十一，普慶寺碑，508 頁，四庫全書本，1201 冊。
〔註90〕《松雪齋集》，外集，大元普慶寺碑銘奉敕撰，752～753 頁，四庫全書本，1196
　　　　冊。

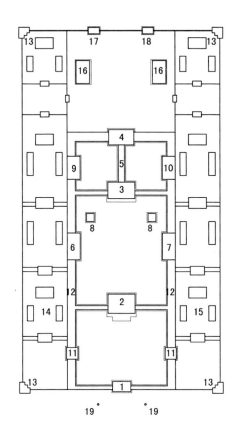

1.山门
2.正觉殿
3.法堂
4.后堂
5.连廊
6.最胜殿
7.智严殿
8.塔
9.总持阁
10.圆通阁
11.侧门
13.角楼
14.斋堂
15.庵井
16.护法神殿、多闻天王殿
17.真如门
18.妙祥门
19.幡杆

圖 7.7　大承華普慶寺平面圖

（三）大天壽萬寧寺

興建沿革　大天壽萬寧寺建於成宗大德九年（1305）二月，〔註91〕《五城坊巷胡同集》「金臺坊」條下有萬寧寺之名，〔註92〕《日下舊聞考》引《析津日記》云：「天壽萬寧寺在鼓樓東偏，元以奉安成宗御像者，今寺之前後皆兵民居之。」〔註93〕可知大天壽萬寧寺位於今鼓樓東大街以北，正對皇城北門厚載紅門，其地元時屬金臺坊。

《元史》記載大天壽萬寧寺初創之際曾塑秘密佛像，卜魯罕皇后見其形醜怪，「以手帕蒙覆其面」，〔註94〕不久下令毀之。泰定四年（1327）寺內建

〔註91〕　《元史》：「（大德九年二月）乙未，建大天壽萬寧寺」，卷二十一，本紀第二
　　　　　十一，成宗四，462 頁。
〔註92〕　《京師五城坊巷胡同集》，北城，19 頁。
〔註93〕　《析津日記》，引自《日下舊聞考》，卷五十四，城市，867 頁。
〔註94〕　《元史》，卷一一四，列傳第一，后妃一，2873 頁。

成宗帝后神御殿，額曰廣壽，元廷設專門的官署掌管祭供錢糧等事務。〔註95〕明清時大天壽萬寧寺規模縮小，改爲漢傳佛教寺院，清道光間爲避皇帝諱易名萬靈寺。

基址規模 從今日北京地圖上可以看出，鐘鼓樓以東、寶鈔胡同以西、鼓樓東大街以北、豆腐池胡同以南的地塊內胡同排列雜亂，應屬大天壽萬寧寺的基址。而鈴鐺胡同、湯公胡同與豆腐池胡同的間距都在 80 米左右，說明這三條胡同元代已有，大天壽萬寧寺的基址界至爲：東抵寶鈔胡同，西抵鈴鐺胡同東口，南抵鼓樓東大街，北抵豆腐池胡同。基址東西方向 398 米，約合元代 253 步，南北方向 332 米，約合 211 步，大天壽萬寧寺的基址規模約爲 222 畝。

《析津志・祠廟儀祭》「原廟」條中有「完者篤皇帝中心閣」，〔註96〕「亦憐眞班皇帝憫忌中心閣」，〔註97〕可見中心閣即大天壽萬寧寺內祭祀帝后御容的原廟，在大天壽萬寧寺內，〔註98〕與上述對寺院用地範圍的判斷相符。大德九年（1305）建大天壽萬寧寺時，將中心臺、中心閣一併納入寺院基址之中。

平面布局 大天壽萬寧寺建於成宗大德九年（1305）二月，〔註99〕位於大都金臺坊，寺院平面布局沒有明確記載。《日下舊聞考》引《析津日記》云：

> 天壽萬寧寺在鼓樓東偏，元以奉安成宗御像者，今寺之前後皆兵民居之。從湢室而入，有穹碑二，尚存，長各二丈餘。〔註100〕

這段話中「從湢室而入」爲我們瞭解大天寧萬壽寺布局提供了重要線索，據此可知寺院前端建有浴室。大天壽萬寧寺屬藏傳佛教密宗寺院，然就筆者所見藏傳佛寺布局，未有湢室之設，這一形制僅見於禪宗叢林中。大天壽萬寧寺前有浴室，可以推斷寺院布局受漢地禪林影響，中軸線兩側很有可能遵照

〔註95〕《元史》：「（泰定四年五月）乙巳，作成宗神御殿於天壽萬寧寺」，卷三十，本紀第三十，泰定帝二，679 頁。《元史》：「成宗帝后大天壽萬寧寺」，卷七十五，志第二十六，祭祀四，神御殿，1875 頁。《元史》：「萬寧營繕司，秩正四品。大德十年（1306），始置萬寧規運提點所。天曆元年（1328），改營繕司」，卷八十七，志第三十七，百官三，2213 頁。

〔註96〕《析津志輯佚》，祠廟 儀祭，63 頁。

〔註97〕《析津志輯佚》，祠廟 儀祭，64 頁。

〔註98〕參見第 1 章。

〔註99〕《元史》：「（大德九年二月）乙未，建大天壽萬寧寺」，卷二十一，本紀第二十一，成宗四，462 頁。

〔註100〕《析津日記》，引自《日下舊聞考》，卷五十四，城市，867 頁。

伽藍七堂之制，宣明對東司，庫房對僧堂。

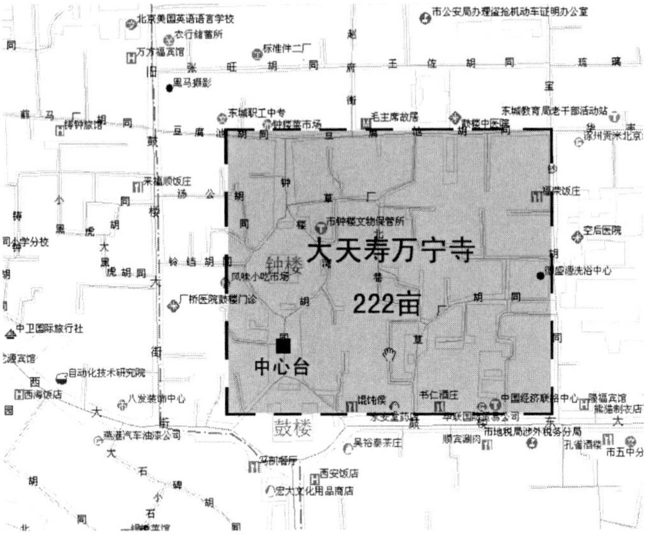

圖 7.8　大天壽萬寧寺用地範圍

（四）大興教寺

興建沿革　《順天府志》引《大都圖冊》中關於大興教寺的記載：「國朝建立梵宇，在都城之內順承門裏街西，名曰興教，華嚴宏大，精邃整麗，佛會甲於京師。」〔註101〕興教寺是大都城內規模較大的寺院，佛會場面甚是壯觀。耶律楚材《請湘公上人住持新院仍名興教寺者因作疏》云：

> 寶剎成空，隨劫灰而已滅，精廬如聖，逐化日而重新。爲國報
>
> 恩，可名興教。〔註102〕

由此可見，大興教寺是元初在前朝寺院的基礎上重修而成，原有寶剎毀於戰火，據程鉅夫《涼國敏慧公神道碑》可知寺院建於至元二十年（1283），是由尼泊爾工匠阿尼哥負責設計的〔註103〕。成宗大德五年（1301）賜興教寺地百頃，〔註104〕延祐五年（1318），仁宗下令在大興教寺內增建帝師八思巴

〔註101〕　《順天府志》，卷七，寺，5頁。

〔註102〕　《湛然居士集》，卷十三，616頁，四庫全書本，1191冊。

〔註103〕　《雪樓集》：「（至元）二十年建興教寺」，卷七，涼國敏慧公神道碑，85頁，四庫全書本，1202冊。《元史・阿尼哥傳》：「贈太師、開府儀同三司、涼國公、上柱國，諡敏慧」，卷二百三，列傳第九十，方技，4546頁，可知程鉅夫碑文所言涼國敏慧公即尼泊爾工匠阿尼哥。

〔註104〕　《元史》，卷二十，本紀第二十，成宗三，434頁。

殿，〔註105〕延祐六年（1319）賜大興教寺僧「齋食鈔二萬錠」。〔註106〕英宗至治二年（1322）十月，又在寺內建太祖神御殿。〔註107〕

基址規模　大興教寺在順承門裏街西，屬阜財坊，即今復興門內大街以北，西單北大街以西，闕才胡同以南，太平橋大街以東的位置。《元史》載鐵木迭兒曾取「興教寺後壖園地三十畝」，〔註108〕寺院園林佔地即不下三十畝，可見寺院規模之巨，基址南北方向長度應突破相鄰兩條胡同間距的限制。

將今日北京地圖與《乾隆京城全圖》對照，根據這一地塊中胡同肌理，可以大致確定大興教寺在西單北大街以西，大木倉胡同東口東西一線之北，大木倉北巷以東，闕才胡同以南的位置。（圖7.9）從地圖上量得寺院基址東西210米，約合元代133步，南北366米，約合232步，大興教寺的基址規模約為129畝。

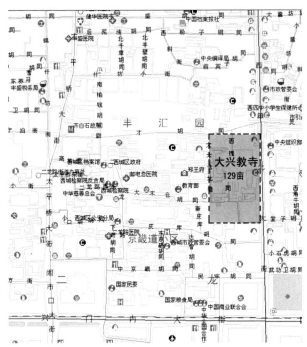

圖7.9　大興教寺用地範圍

〔註105〕《元史》：「（延祐五年冬十月）壬辰，建帝師八思巴殿於大興教寺，給鈔萬錠」，卷二十六，本紀第二十六，仁宗三，586頁。

〔註106〕《元史》，卷二十六，本紀第二十六，仁宗三，588頁。

〔註107〕《元史》：「（至治二年冬十月）甲申，建太祖神御殿於興教寺」，卷二十八，本紀第二十八，英宗二，624頁。

〔註108〕《元史》，卷二百五，列傳第九十二，姦臣，鐵木迭兒，4579頁。

（五）大崇恩福元寺（南鎮國寺）

大崇恩福元寺由武宗海山親自選址，始建於至大元年（1308），皇慶元年四月（1312）完工，俗稱南鎮國寺。姚燧《崇恩福元寺碑》記載寺院布局：

> 惟以其日，鑾輅親巡，胥地所宜，於都城南，不雜閭閻，得是吉卜，敕行工曹，甓其外垣爲屋，再重逾五百礎。門其前而殿，於後左右爲閣樓，其四隅大殿孤峙，爲制五方，四出翼室，文石席之，玉石爲臺，黃金爲趺。塑三世佛，後殿五佛皆範金爲席，臺及趺與前殿一。諸天之神，列塑諸廡，皆作梵像，變相詭形，怵心駭目，使人勸以趨善，懲其爲惡，而不待翻誦其書，已悠然而生者矣。至其檢題梲桷，藻繪丹碧，緣飾皆金，不可貲算。楯檻衡縱，捍陛承宇，一惟玉石，皆前名刹所未曾有，榜其名曰大崇恩福元寺。用實願言，外爲僧居，方丈之南，延爲行宇，屬之後殿，廚庫庖湢，井井有條。所置隆禧院比秩二品。〔註109〕

從這段記錄可以看出，大崇恩福元寺寺院布局相當規整，寺院以中央佛殿爲中心，在其東、西、南、北各有一座佛殿，「四出翼室」，即佛殿前後皆出抱廈，左右兩側各建挾屋。中央佛殿與東、西、南三座殿內塑三世佛，中央佛殿北側的後殿內塑五尊金佛。這一布局形式與大聖壽萬安寺同，推測佛殿間當設八角樓四座。寺院四周廊廡內供奉諸天神像，變相詭形，怵心駭目。方丈位於寺院中軸線後端，方丈前之行宇與後殿相連。山門在中軸線前端，「門其前而殿，於後左右爲閣樓」，山門之前仍有殿堂，山門與中央佛殿間軸線兩側對稱建有兩座閣樓。

《元代畫塑記》記載大崇恩福元寺佛像布置，有助於我們更清楚地瞭解寺院布局：

> 武宗皇帝至大三年正月二十一日。敕虎堅帖木兒丞相。奉旨新建寺後殿五尊佛。咸用銅鑄。前殿三世佛、四角樓洞房諸處佛像以泥塑。仿高良河寺鑄銅番竿一對。虎堅帖木兒、月即兒、阿僧哥洎帝師議。依佛經之法。擬高良河寺幷五臺佛像從其佳者爲之。用物省部應付。正殿三世佛三尊。東西垛殿內山子二座。大小龕六十二。菩薩六十四尊。西洞房內螺髻佛並菩薩一百四十六尊。東西垛殿九聖菩薩九尊。羅漢一十六尊。十一口殿菩薩一十一尊。藥師殿佛一

〔註109〕《牧庵集》，卷十，500 頁，四庫全書本，1201 冊。

尊。東西角樓魔梨支王四尊。東北角樓尊聖佛七尊。西北角樓無量
壽佛九尊。內山門天王一十二尊。〔註110〕

可以看到，大崇恩福元寺寺院四隅建有四座角樓，東西角樓各供樓魔梨支王
四尊，東北角樓尊聖佛七尊，西北角樓無量壽佛九尊。寺院內另有十一口殿、
藥師殿與東西垛殿等建築。此外，這段文字中將寺院山門稱作「內山門」，說
明中軸線上山門之前有外山門，可能為殿堂形式，與姚燧碑文所載相符。據
此，可以繪出大崇恩福元寺平面復原圖。（圖7.10）

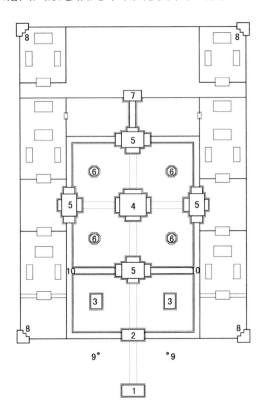

1.外山門
2.內山門
3.阁楼
4.中央佛殿
5.四隅佛殿
6.八角楼
7.方丈
8.角楼
9.幡杆
10.廊庑

圖7.10　大崇恩福元寺平面圖

（六）大承天護聖寺

虞集《大承天護聖寺碑》載寺院布局：

> 寺之前殿，置釋迦、然燈、彌勒、文殊、金剛，首二大士之像。
> 後殿，置五智如來之像。西殿，庋金書《大藏經》，皇后之所施也。

〔註110〕《元代畫塑記》，佛像，13～14頁，人民美術出版社，1964年。

東殿，度墨書《大藏經》，歲庚午，上所施也。又像護法神王於西室，
護世天王於東室。二閣在水中坻，東曰圓通，有觀音大士像。西曰
壽仁，上所御也。曰神御殿，奉太皇太后□容於中。〔註111〕

大承天護聖寺中有東西南北四座佛殿，推測中央亦有佛殿，五座佛殿布局形
式當與大聖壽萬安寺、大崇恩福元寺相同。寺院中軸線後端水中立有二閣，
並設有神御殿。

（七）大天源延聖寺

大天源延聖寺原名盧師寺，泰定三年（1326）二月，「建顯宗神御殿於盧
師寺，賜額大天源延聖寺」。〔註112〕《元代畫塑記》載：

諸色府可依帝師指受。畫大天源延聖寺。前後殿四角樓畫佛。
□□制爲之。其正殿內光焰佛座及幡杆咸依普慶寺製造。仍令張同
知提調。用物需之省部。正殿佛五尊。各帶須彌座及光焰。東南角
樓天王九尊。西南角樓馬哈哥剌等佛一十五尊。東北角樓尊勝佛七
尊。西北角樓阿彌陀佛九尊。各帶蓮花須彌座、光焰。東西藏燈殿
二。內東殿宇佛母等三尊。西殿釋迦說法像二尊。內山門天王四尊。
各帶須彌座、五三屏。後殿五方佛五尊。各帶須彌座、光焰。〔註113〕

大天源延聖寺四隅設角樓，寺前立銅幡竿一對，寺內有正殿、東西佛殿、前
後佛殿等建築，推測亦爲中央佛殿四隅各置一殿的布局形式。

（八）壽安山寺（大昭孝寺、洪慶寺）

始建於延祐七年（1320），其址原爲唐朝兜率寺。英宗即位後，在兜率寺
舊址上進行擴建，「（延祐七年）九月甲申，建壽安山寺，給鈔千萬貫，命拜
珠督造壽安寺。」〔註114〕至順二年（1331）完工。寺院建造過程中開山鑿石
工程浩大，英宗頒詔「治銅五十萬斤，做壽安山寺佛像」，佛像之巨空前絕後。

（九）大護國仁王寺

大護國仁王寺位於高粱河畔，是元代最大的皇家寺院。它是由元世祖
的昭睿順聖皇后於至元七年（1270）出資建造，至元十一年（1274）三月

〔註111〕《全元文》，27 冊，卷 868，虞集，五五，大承天護聖寺碑，184 頁，鳳凰出
　　　　版社，2004 年。
〔註112〕《元史》，卷三十，本紀第三十，泰定帝二，668 頁。
〔註113〕《元代畫塑記》，佛像，23 頁。
〔註114〕《元史》，本紀第 27，英宗一，605 頁。

竣工，〔註115〕至元十六年（1279）八月置大護國仁王寺總管府，至元二十二年（1285）正月再發諸衛軍六千八百人加以擴建。大德五年（1301）奉安昭睿順聖皇后御容於此。〔註116〕至大年間又設也可皇后影堂於此。元末，大護國仁王寺毀於火。

（十）西鎮國寺

西鎮國寺是大都城外一處重要的皇家寺院，至元間由察必皇后詔建。《析津志輯佚》「河梁橋閘」下有「西寺白玉石橋」：

> 在護國仁王寺南，有三拱，金所建也。庚午至元秋七月，貞懿皇后詔建此寺，其地在都城之西，十里而近。有河曰高良，河之南也。〔註117〕

西寺即西鎮國寺，位於大護國仁王寺南，高良河之南，始建年代爲庚午年，即至元七年（1270）。《宛署雜記》與《順天府志》均言鎮國寺在白石橋，〔註118〕其地應在今白石橋紫竹院公園附近。

西鎮國寺終元之世都與皇室關係密切，元廷每年歲末舉行的「射草狗」祭儀便在此舉行：

> 每歲，十二月下旬，擇日，於西鎮國寺內牆下，灑掃平地，太府監供綵幣，中尚監供細氈針線，武備寺供弓箭環刀，束稈草爲人形一，爲狗一，剪雜色彩段爲之腸胃，選達官世家之貴重者交射之。非別速、札剌爾、乃蠻、忙古臺、列班、塔達、珊竹、雪泥等氏族，不得與列。射至糜爛，以羊酒祭之。祭畢，帝后及太子妣妃並射者，各解所服衣，使蒙古巫覡祝讚之。祝讚畢，遂以與之，名曰脫災。國俗謂之射草狗。〔註119〕

這一祭祀活動全用蒙古舊俗，充滿濃鬱的草原氣息，是一種只有皇族與達官世家方可參與的禳災活動。

〔註115〕《元史》：「至元七年十二月辛酉，建大護國仁王寺於高梁河」，卷七。「十一年三月癸巳，建大護國仁王寺成」，卷八。

〔註116〕昭睿順聖皇后即世祖忽必烈之後察必，至元十年（1273）封尊號爲貞懿昭聖順天睿文光聖皇后，至元三十一年（1294）成宗即位，追封爲昭睿順聖皇后。

〔註117〕《析津志輯佚》，河閘橋樑，100頁。

〔註118〕《宛署雜記》，197頁；《順天府志》：「鎮國寺在白石橋」，引自《日下舊聞考》，卷九十八，郊坰，1631頁。

〔註119〕《元史》，卷七十七，志第二十七下，祭祀六，國俗舊禮，1924～1925頁。

（十一）大永福寺（青塔寺）

大永福寺創建於元延祐間，明宣德間僧慧燈募修之，俗稱青塔寺。《日下舊聞考》云：「青塔寺在阜成門四條胡同」，〔註120〕張一桂《重修青塔寺碑略》載：「青塔寺者，即勝國時敕建大永福寺也。寺在都城阜成門內，故有青浮圖，稍東爲白塔禪寺，相距里許，俗稱青塔寺云。」〔註121〕大永福寺位置在元大都平則門內，屬西城坊。

（十二）黑塔寺

黑塔寺始建具體時間不詳，明初罹毀，正統中僧一清募資修造，賜額弘慶禪寺。《日下舊聞考》言「黑塔寺在南小街冰窖胡同」，〔註122〕《乾隆京城全圖》中繪有此寺。其地在今西城區福綏境冰潔胡同 7 號，元代屬西城坊。

根據以上分析，將元大都敕建佛寺的建設時間、建立者、所奉御容、位置及基址規模列表如 7.3。

表 7.3　元大都敕建佛寺表

寺名	建設工期	建立者	供奉御容	元代位置	今地	基址規模（元畝）
大護國仁王寺（高良河寺）	1270～1274	察必(世祖昭睿順聖皇后)	察必、那木罕	高梁河畔	海淀區白石橋	
西鎮國寺	1270～？	察必		高梁河南	海淀區白石橋	
大聖壽萬安寺（白塔寺）	1279～1288	忽必烈（世祖）	忽必烈、眞金、愛育黎拔力八達	西成坊平則門內大街路北	阜城門內大街白塔寺	200
大興教寺	1283	忽必烈	八思巴、成吉思汗	阜財坊順承門裏街西	西單北大街路西	129
大承華普慶寺	1300～1308	鐵穆耳（成宗）始建、愛育黎拔力八達(仁宗)擴建	愛育黎拔力八達、成吉思汗、窩闊台、拖雷、順宗帝后	太平坊順承門裏街西	西城區寶產胡同路北	120

〔註120〕《日下舊聞考》，卷五十二，城市，830 頁。
〔註121〕《重修青塔寺碑略》，引自《日下舊聞考》，卷五十二，城市，831 頁。
〔註122〕《日下舊聞考》，卷五十二，城市，830 頁。

大天壽萬寧寺	1305	鐵穆耳	鐵穆耳	金臺坊中心閣附近	鐘鼓樓附近	222
大崇恩福元寺（南鎮國寺）	1308～1312	海山（武宗）	海山	大都城南	南苑附近	
大永福寺（青塔寺）	？～1321	愛育黎拔力八達	答剌麻八剌、甘麻剌、碩德八剌	西成坊	西城區青塔胡同	
黑塔寺				西成坊	西城區福綏境冰潔胡同	
大天源延聖寺	隋之盧師寺	也孫鐵木耳更名	和世瓎	大都西郊盧師山	西山八大處證果寺	
壽安山寺（大昭孝寺、洪慶寺）	1320～1331	碩德八剌（英宗）		壽安山南麓	西山臥佛寺	
大承天護聖寺（西湖寺）	1329～1332	圖帖睦爾（文宗）	圖帖睦爾帝后	大都西郊西湖附近	昆明湖西北岸	

7.4 元大都敕建佛寺建築模式中的蒙、藏、漢因素

7.4.1 元大都敕建佛寺的建築模式

　　自忽必烈始，元代諸帝都是藏傳佛教薩迦派弟子，踐祚後修建的佛寺亦皆屬薩迦一系，建築形式無疑要受到藏傳佛教尤其是薩迦系寺院的影響。另一方面，元大都敕建佛寺中心對稱、縱深展開的布局形式顯然受漢地佛寺伽藍格局的影響，同時，寺院中某些建築形式又體現出草原文化習俗與元代宮廷建築的特點。元大都敕建佛寺建築模式是多種文化因素綜合影響的結果，漢、藏、蒙建築風格、形制、式樣在其中都有所體現。

7.4.2 與蒙、藏、漢建築模式的比較

　　通過上文的復原研究可以發現，元大都敕建佛寺的建築模式有很多共

通之處。本節在此基礎上，對元大都敕建佛寺平面布局、殿堂形制、建築
要素進行考察，對照漢地佛寺、藏傳佛寺以及蒙元宮廷建築，分析其中蒙、
藏、漢三種文化因素的影響，從而加深對元大都敕建佛寺建築性質與特色
的認識。

　　南宋時期，佛寺依宗派屬性分爲禪、教、律三類。根據南宋淳祐八年（1248）
所作《五山十刹圖》可以對江南禪寺建築模式獲得較爲詳細的瞭解，而教、
律二類佛寺寺院格局則少有記載，推測應與禪宗寺院大致相仿。〔註123〕建於
天曆二年（1329）的金陵大龍翔集慶寺是元代敕建禪宗寺院，可爲瞭解元代
江南禪寺伽藍布局提供參考。〔註124〕（圖 7.11）本節以五山十刹及大龍翔集
慶寺與《五山十刹圖》所反映的宋元江南禪寺布局特點作爲漢傳佛教伽藍格
局的代表，與元大都敕建佛寺建築模式進行對照。

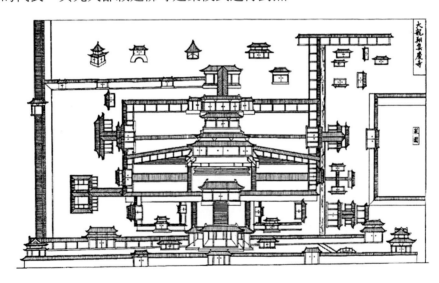

圖 7.11　大龍翔集慶寺（引自《至正金陵新志》）

　　下面將元大都敕建佛寺平面布局中共有的建築要素列舉如下，分析其形
制來源與所屬體系：

〔註123〕禪、教、律三宗寺院改換門庭之事多有發生，五山十刹中禪寺多由教寺、律
　　　　寺改宗易名而來，如天童寺、靈隱寺、育王寺等，據《至元嘉禾志》記載，
　　　　南宋之時「凡大伽藍辟律爲禪者多矣」，由此推測禪、教、律三宗寺院格局大
　　　　致相仿。
〔註124〕元文宗於元代諸帝中受漢文化薰染最深，即位後講金陵潛邸改爲大龍翔集慶
　　　　寺，寺格甲於諸刹，位列五山之首。

（一）幡竿

幡竿，亦稱嘛呢杆，高聳入雲的番竿上懸掛著驅邪鎮魔的嘛呢幡，成為藏傳佛教寺院極具特色的標誌。文獻提及元大都敕建佛寺中大崇恩福元寺、大護國仁王寺、大天源延聖寺、大承華普慶寺入口處均設有一對銅幡杆。

（二）角樓

據《元代畫塑記》的記載，大聖壽萬安寺、大崇恩福元寺、大天源延聖寺寺院四隅皆建有角樓，大承華普慶寺寺院布局仿自大聖壽萬安寺，寺院當有角樓之設。

漢地佛教寺院中並無角樓之制。始建於至元五年（1268）的薩迦派宗教聖地薩迦南寺外繞方形城垣，城垣四隅設有角樓。（圖 7.12）《漢藏史集》據薩迦世系對薩迦南寺創建經過有詳細記述：

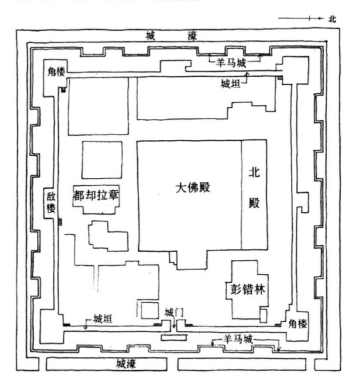

圖 7.12　薩迦南寺平面圖（引自宿白《藏傳佛教寺院考古》）

陰火兔年（至元四年，1267）朝廷派人來迎請上師八思巴。八思巴動身前往時，本欽也去了。他們師徒一行到達傑日拉康的那天

晚上，上師說：其人必有能幹之侍從，才能修建起這樣一座佛殿來。
本欽在上師身後聽見了這話，趁上師高興，就請求修建一座能把傑
日拉康從天窗中裝進去的佛殿。由于堅持請求，上師同意了。本欽
立即進行了測量，把圖紙帶回薩迦，向當雄蒙古以上的烏斯藏地方
各個萬戶和千戶府發佈命令，徵調人力，於次年（1268）爲薩迦大
殿奠基，還修建了裏（外）面的圍牆、角樓和殿牆等。〔註125〕

從這段話可以看出，薩迦南寺是以傑日拉康爲藍本設計建造的，由此推測傑
日拉康寺院中亦設角樓，四隅建角樓的做法可能是藏傳佛寺規制，代表四天
王天。這一形制可溯至印度早期的寺院形式，從西藏日喀則那塘寺措欽大殿
度母堂內所藏印度菩提伽耶寺院模型來看，菩提伽耶寺院平面方形，四隅各
有一座角樓。〔註126〕（圖 7.13）由此可見，元大都敕建佛寺四隅設角樓的做
法屬藏式佛寺特點。

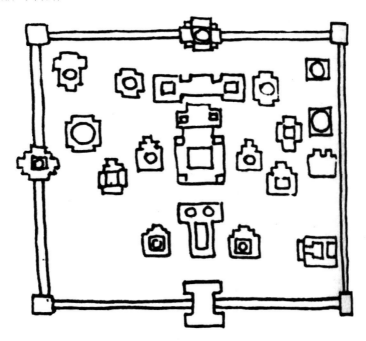

圖 7.13　印度菩提伽耶寺木石模型平面圖（引自宿白《藏傳佛教寺院考古》）

〔註125〕達倉宗巴・班覺桑布著，陳慶英譯《漢藏史集》，224～225 頁，西藏人民出
　　　　版社，1986 年。
〔註126〕參見宿白《西藏日喀則那塘寺調查記》，《藏傳佛教寺院考古》，123～125 頁，
　　　　文物出版社，1996 年。

（三）山門、內山門

山門之稱源自漢地佛寺。最初的形式為佛寺入口並立三座門，後引申作三解脫門，為登菩提場必由之門，「一門亦呼為三門」。〔註127〕唐代多稱寺院正門為三門，北宋禪寺亦多沿用此謂，《禪苑清規》即多見三門之語，南宋後者多稱山門，「這與南宋江南禪寺的山地特色以及南宋以後禪寺普遍以山名為號之習相關聯」。〔註128〕元大都敕建佛寺入口建有山門，亦作三門，如大承華普慶寺「其南為三門」等。

此外，元大都某些敕建佛寺有「內山門」的做法，如大崇恩福元寺「內山門天王一十二尊」，大天源延聖寺「內山門天王四尊」等，姚燧《崇恩福元寺碑》對此形制描述更詳：「門其前而殿，於後左右為閣樓」，可見山門並不位於中軸線的最南端，其前仍設有殿堂。

據張十慶的研究，宋時山門形式有外三門、中門和正山門之分，俗稱頭山門、二山門和正門，五山十剎圖諸山額集所記山門分類即是如此。〔註129〕外三門位於中軸線最前端，為進入寺院的第一道門，正山門為寺院之樞要，地位最為特殊。元大都敕建佛寺中所謂「內山門」，很有可能即宋代禪林正山門，其前之外三門亦為殿的形式，內置護法神像，俾入內山門之前受到法力護持。

（四）佛殿

禪寺初創時期「不立佛殿，惟樹法堂」，法堂居於寺院中心地位。然至南宋末葉，佛殿已成為伽藍構成中最重要與最具象徵意義的建築。從《五山十剎圖》反映的南宋伽藍配置來看，佛殿位於寺院的中心，殿前中軸線兩側通常對稱布置鐘樓、輪藏或鐘樓、觀音閣，殿後為住持升座講法之法堂。

禪寺中佛殿的具體形制，天童寺為五間殿帶副階，日本五山佛殿亦皆為五間帶副階形式。日本五山規制多襲自南宋禪林，推測五間帶副階形式為江南五山十剎通制，五山以外中小型佛寺主殿則多為三間或方三間帶副階的形式。

《崇恩福元寺碑》云：「其四隅大殿孤峙，為制五方，四出翼室」，由此

〔註127〕《釋氏要覽》：「凡寺院有開三門者，只有一門亦呼為三門者何也，佛地論云，大宮殿三解脫門為所入處，大宮殿喻法空涅槃也。三解脫門謂空門、無相門、無作門。今寺院是持戒修道、求至涅槃人居之，固由三門入也。」

〔註128〕張十慶《中國江南禪宗寺院建築》，81頁，湖北教育出版社，2001年。

〔註129〕參見張十慶《中國江南禪宗寺院建築》，81～83頁。

可知大崇恩福元寺共有五座佛殿，即中央佛殿東、西、南、北四個方向各有一座佛殿，四周的四座佛殿前後左右各出翼室。據《元代畫塑記》記載，大聖壽萬安寺「五間殿、八角樓四座」，「五方佛殿五方佛五尊」，佛殿布局與崇恩福元寺同，亦爲中央佛殿四隅各設一座五間佛殿的形式，佛殿內供奉五方佛，四隅四座佛殿間有四座八角樓。大承天護聖寺、大天源延聖寺中也有正殿與前、後、東、西五座佛殿，布局形式亦當如此。這種十字對稱的佛殿組合形式與「四出翼室」的佛殿形制可能爲元大都敕建佛寺中經常採用的模式，與漢傳佛教寺院的建築模式迥異，而與藏傳佛教曼荼羅空間圖式極爲相似。

　　曼荼羅爲梵語 Mandala 的音譯，是印度教與藏傳佛教共有的神秘空間圖式，具中央、集聚之義。（圖 7.14）在藏傳佛教中，曼荼羅指修煉、做法的場所，「在一悉心布置的曼荼羅空間環境中，可以聚集一切諸佛，一切菩薩，一切金剛，或可聚集諸佛、菩薩與金剛的各種法器，以屏除修煉過程中的各種魔障的干擾，隨心所願，而達悉地」。〔註 130〕

圖 7.14　佛教與印度教共有之曼荼羅圖式

（引自吳曉敏、史箴《肖彼三摩耶，作此曼拿羅》

〔註130〕王貴祥《東西方的建築空間：傳統中國與中世紀西方建築的文化闡釋》，250頁，天津：百花文藝出版社，2006 年。

藏傳佛教寺院布局是曼荼羅宇宙圖式的具體體現。寺院中央多為一座高大宏偉的大佛殿，象徵曼荼羅空間圖式中央之須彌山，四周十字對稱地布置諸佛菩薩殿堂，象徵世界四大部洲，四角布置四塔象徵須彌山周圍的四個護法天王。

創自 8 世紀的吐蕃前弘期中心佛寺桑耶寺，是最早完整體現曼荼羅宇宙圖式的藏地寺院。（圖 7.15）其後藏傳佛教寺院雖布局各異，但均為曼荼羅宇宙圖式的三維表現。

藏傳佛寺佛殿形制一般按都綱法式進行設計。〔註 131〕都綱法式是曼荼羅宇宙圖式的程式化表現，體現「聚集」與「道場」之義。按都綱法式設計的殿堂平面多呈方形，由一個中心空間向四周層層擴展。都綱法式的雛形可溯至桑耶寺烏策大殿，此後藏傳佛寺寺院殿堂均依此設計。（圖 7.16）

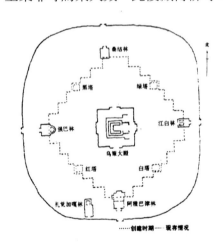
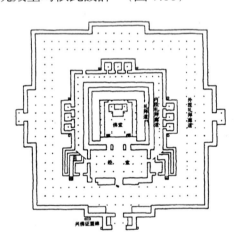

圖 7.15　桑耶寺總平面圖圖

（引自宿白《藏傳佛教寺院考古》）

7.16　桑耶寺烏策大殿一層平面

（引自宿白《藏傳佛教寺院考古》）

通過對照可以看出，元大都敕建佛寺通常採用的十字對稱的佛殿組合形式與「四出翼室」的佛殿形制均按曼荼羅空間圖式進行設計。中央佛殿內供

〔註 131〕都綱，為藏語音譯，指藏傳佛教寺院大殿，也指僧眾聚會的會堂。「都綱法式」是按曼荼羅宇宙圖式的意義和空間內涵改造藏式傳統方形碉樓，並適應轉經、朝佛等宗教活動要求而產生的空間模式，藏傳佛寺中札倉、措欽與佛殿空間一般按都綱法式進行設計。參見吳曉敏、史箴《肖彼三摩耶，作此曼拿羅——清代皇家宮苑藏傳佛教建築創作的類型學方法探析》，《建築師》，2003年12月。

奉主佛，象徵宇宙中心須彌山，在中央佛殿東、南、西、北四個方向上各建一座佛殿，內供四方佛，象徵宇宙的四大部洲。大聖壽萬安寺四隅佛殿間設「八角樓四座」，這一做法可能為按曼荼羅空間圖式設計的佛殿組群之通制，象徵四方、四色、四智及四天王天等。

「四出翼室」的佛殿建築形式，屬圍繞中央空間層層環聚的空間格局，與藏傳佛教寺院殿堂「都綱法式」形制完全一致，鮮明地體現了藏傳佛教建築特色。據王貴祥的研究，「中國佛塔自密教傳入之八世紀始，漸漸多為八角形平面」，〔註132〕八角形平面與曼荼羅圖式存在某種契合，在象徵佛國世界的佛殿組群中，四隅大殿間設四座八角形平面的樓閣就容易理解了。

（五）方丈

方丈之謂源自禪寺，指住持居所，後來漢傳佛教其餘宗派住持居處亦稱方丈。在禪宗寺院中，方丈具有特殊重要的地位，位於寺院中軸線的北端。在藏傳佛寺中，活佛住所稱為拉章，並不在寺院軸線上，如薩迦南寺中仁欽崗拉章、拉康拉章皆在寺院中央大佛殿之東南方。〔註133〕

姚燧《崇恩福元寺碑》記載大崇恩福元寺「方丈之南，延為行宇，屬之後殿」，後殿在中央大佛殿之北，方丈在後殿北，應在寺院中軸線北端，與禪宗寺院方丈位置同。

（六）溫室

溫室即浴室，寺設溫室之制僅見於禪宗叢林中。禪林稱溫室為宣明，沐浴在洗塵除垢之外，於佛教上還有修行、供養與除病三方面意義。禪寺視沐浴法為禪修實踐，叢林清規中多有關於入浴法的規定，如宋代的《禪院清規》卷四「浴主」章有入浴之法，元順帝後至元間頒行的《敕修百丈清規》規定「寒月五日一浴，暑天每日淋汗」，〔註134〕可見元代禪林中設宣明已成定制。元大都大天壽萬寧寺寺院前部設有溫室，顯然受宋元禪宗寺院伽藍布局的影響。元代文獻對此未有特別記載，可以推斷，溫室之設在元大都敕建佛寺中絕非孤例。

在記錄南宋禪林布局的五山十剎圖中，宣明並無固定位置，然在日本叢

〔註132〕《東西方的建築空間：傳統中國與中世紀西方建築的文化闡釋》，258 頁。
〔註133〕參見宿白《西藏日喀則地區寺廟調查記》，薩迦寺，《藏傳佛教寺院考古》，99～112 頁。
〔註134〕《敕修百丈清規》，卷四。

林伽藍七堂之制中，浴室位於山門東側，與西側的廁屋相對，與大天壽萬寧寺宣明位置吻合。〔註135〕（圖7.17）

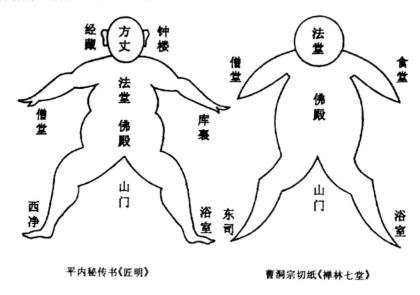

平內秘傳書《匠明》　　　　　　　　曹洞宗切紙《禪林七堂》

圖 7.17　日本禪寺七堂布局人體表相圖

（引自張十慶《五山十刹圖與南宋江南禪寺》）

（七）僧堂、廚庫

僧堂是眾僧修行辯道的專門道場，又稱海會堂、雲堂、選佛堂，是寺院中修行生活最主要的場所。廚庫又稱香積，是寺院構成基本要素之一。初唐道宣《戒壇圖經》所示律宗寺院中，井亭、果子庫、飯食庫、淨廚、油麵庫等位於寺院東側小庫院，宋代禪宗寺院則將廚庫固定置於中軸線東側，與西側僧堂相對，形成「三門朝佛殿，廚庫對僧堂」〔註136〕的禪林規制。

姚燧《普慶寺碑》記寺院廊廡中建有二樓，「東廡通庖井，西廡通海會」，可知庖井與海會堂分別位於寺院中軸線東、西兩側。趙孟頫《大元大普慶寺碑銘》云：「齋堂在右，庖井在左」，齋堂即指眾僧修行之僧堂，位置與禪宗寺院僧堂、廚庫完全一致。大承華普慶寺仿大聖壽萬安寺而建，推測僧堂、廚庫相對設置的布局形式在元大都敕建佛寺中較為多見。

〔註135〕參見張十慶《中國江南禪宗寺院建築》，87～88 頁，湖北教育出版社，2001年。
〔註136〕大休正念《大休錄》。

（八）水心閣

虞集《大承天護聖寺碑》云「二閣在水中坻」，從碑文描寫順序推測二閣位於寺院中軸線後部，圓通閣在東，供奉觀音大士像，壽仁閣在西，為元帝駕臨之所。

水中立閣的形式在漢、藏佛寺中均未見及，而在元大都興聖宮、隆福宮及西御苑中皆有水心亭與水心殿之形式，如《南村輟耕錄》：「東西水心亭在歇山殿池中」〔註137〕，《故宮遺錄》：「新殿後有水晶二圓殿，起於水中，通用玻璃飾，日光回彩，宛若水官」〔註138〕，「中建小直殿，引金水繞其下，甃以白石」，〔註139〕等等。元大都大內宮殿與敕建佛寺中都有水中立殿宇亭閣的做法，可能與蒙古民族逐水草而居的生活方式有關。

（九）九曜殿

據《元代畫塑記》載，大聖壽萬安寺中「九曜殿星官九尊」。九曜殿屬於祭天場所，為漢、藏佛寺中所無，與蒙古族信仰薩滿教、崇拜長生天的習俗有關。《元史·祭祀志》載：「元興朔漠，代有拜天之禮」，〔註140〕元大都皇宮內亦建有觀星臺。〔註141〕藏傳佛教傳入後，蒙古族祭天儀式仍延續下來，原始自然崇拜中融入佛教的因素，大聖壽萬安寺內建有九曜殿祭天是蒙古舊俗與藏傳佛教融合之證。

（十）神御殿

神御殿又稱原廟、影堂、御容殿。神御殿濫觴於北宋，《宋史》載景德四年（1007）二月「癸酉，詔西京建太祖神御殿」，〔註142〕為皇室設專門殿堂供奉御容如期祭祀之始，此後歷朝多沿用此制。元大都敕建佛寺中皆設神御殿供奉蒙元帝后的御容或畫像，元廷定期祭拜，並時常命國師西在殿內作佛事薦冥福。

將元大都敕建佛寺建築模式中各建築要素與所屬體系列表如表7.4。

〔註137〕陶宗儀《南村輟耕錄》，卷二十一，宮闕制度，256～257頁，中華書局，1959年。

〔註138〕蕭洵《故宮遺錄》，69～70頁，北京出版社，1963年。

〔註139〕《故宮遺錄》，70頁。

〔註140〕《元史》，卷72，志第23，祭祀一，1781頁。

〔註141〕《故宮遺錄》，68頁。

〔註142〕《宋史》，卷七，真宗紀二，132頁。

表7.4　元大都敕建佛寺的建築要素及所屬體系表

建築要素	所屬體系	文獻所見寺院名稱
銅幡杆（一對）	藏式	大護國仁王寺、大崇恩福元寺、大天源延聖寺、大承華普慶寺
角樓（四座）	藏式	大聖壽萬安寺、大崇恩福元寺、大天源延聖寺、大承華普慶寺
山門、內山門	漢式	大承華普慶寺、大崇恩福元寺、大天源延聖寺
五座佛殿	藏式	大崇恩福元寺、大聖壽萬安寺、大承天護聖寺、大天源延聖寺
四出翼室	藏式	大崇恩福元寺
八角樓（四座）	藏式	大聖壽萬安寺
方丈	漢式	大崇恩福元寺
湢室	漢式	大天壽萬寧寺
僧堂、廚庫	漢式	大承華普慶寺
水心閣	蒙式	大承天護聖寺
九曜殿	蒙式	大聖壽萬安寺
神御殿	漢式	諸寺皆設

　　可以看出，元大都敕建佛寺屬藏傳佛教寺院，通過十字對稱的佛殿組合形式與「四出翼室」的佛殿建築形制體現曼荼羅宇宙空間圖式，象徵宇宙中心的須彌山與四大部州、四護法天王等含義。另一方面，寺院平面布局又很大程度地受到漢地佛教尤其是禪宗叢林伽藍規制的影響，齋、庖、庫、湢置於寺院軸線兩側。同時，蒙古族草原習俗與元代宮廷建築特點亦有所體現。元大都敕建佛寺是蒙、藏、漢三種文化因素綜合影響的產物，體現著元代不同民族間的文化融合。（圖7.18）

　　忽必烈尊崇藏傳佛教，很大程度上出於政治目的的考慮，但同時又不排斥漢地佛教，漢地佛教禪宗之外的律宗、華嚴宗等派別重又趨於活躍。值得注意的一個現象是，元代敕建佛寺的住持往往是來自漢傳佛教的高僧，如大聖壽萬安寺、大天壽萬寧寺、大崇恩福元寺、大天源延聖寺、大承華普慶寺住持多為出於南城寶集寺的律宗高僧，大承天護聖寺住持則為華嚴宗碩德。〔註143〕這樣的安排顯然是為在各種宗教派別間取得平衡，客觀上促進了諸宗走向

〔註143〕參見陳高華《元代大都的皇家佛寺》，《世界宗教研究》，1992年第2期。

融合，藏傳佛教寺院中吸收漢地佛寺建築特點也是很自然的事情。

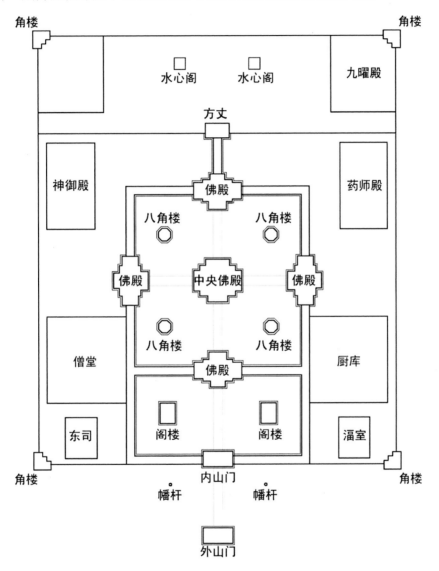

圖 7.18　元大都敕建佛寺建築模式圖

7.4.3　大承華普慶寺建築模式的特點及原因

　　根據前文所繪大承華普慶寺平面復原圖可知，寺院不設中央佛殿，中軸線上佛殿之後爲法堂，建築布置更接近漢地佛教寺院，平面布局與元大都其餘敕建佛寺明顯不同。而且，按敕建佛寺習用的建築模式建造的寺院，核心

區域爲曼陀羅空間圖式的三維表現，因而寺院基址接近方形，如大聖壽萬安寺基址爲以白塔爲中心的方形，大天壽萬寧寺基址東西 253 步，南北 211 步，亦近於方形。大承華普慶寺基址範圍東西 132 步，南北 234.5 步，呈長方形平面，與漢地佛寺縱深展開的格局相似。大承華普慶寺寺院格局、基址形狀皆與元大都其餘敕建佛寺明顯不同，而更接近於漢地佛教寺院，當與元仁宗漢化程度較深有關。

與成宗、武宗繼位前均曾撫軍漠北不同，仁宗登極前一直在漢地居住，幼年時即與其兄海山一同師從名儒李孟。海山於大德元年（1297）「撫軍北方」，〔註 144〕受儒家思想薰染未深，仁宗則留居宮中，「孟日陳善言正道，多所進益」。〔註 145〕仁宗出居懷州時，〔註 146〕常向李孟請教儒學，「就孟講論古先帝王得失成敗，及君君臣臣父父子子之義」，〔註 147〕身邊聚集了一批朝夕不離的漢儒，「左右化之，皆有儒雅風」。〔註 148〕仁宗對繪畫、書法都有較高的鑒賞力，並有御筆傳世，〔註 149〕漢文化素養遠在其前諸帝之上。

在對待藏傳佛教與西僧的態度上，深受漢文化薰染、「通達儒術，妙悟釋典」〔註 150〕的仁宗與世祖、成宗、武宗明顯不同。元成宗鐵穆耳曾賜給西藏僧人《優禮僧詔書》：

> 爲侍奉西番之僧人，忽必烈皇帝在位時，軍犯營中有一名馬明之人，因拉執僧人衣領，受到重罰。今後，如有俗人以手犯西僧者，斷其手；以言語犯西僧者，割其舌。〔註 151〕

武宗海山即位後，對藏傳佛教之崇奉超出常規，比之成宗猶甚，而時爲皇太子的仁宗則理性得多。從《元史・釋老傳》的一則記載中，可以看出武宗與仁宗態度的差異：

〔註 144〕《元史》，卷 175，列傳第 62，李孟傳，4084 頁。

〔註 145〕同上。

〔註 146〕《元史》：「大德九年冬十月，詔帝與太后出居懷州」，卷 24，本紀第 24，仁宗一，535 頁。

〔註 147〕《元史》，卷 175，列傳第 62，李孟傳，4085 頁。

〔註 148〕《元史》，卷 175，列傳第 62，李孟傳，4084 頁。

〔註 149〕參見《清容居士集》，卷 17，仁廟御書除官贊，229 頁，四庫全書本，1203 冊。

〔註 150〕《元史》，卷 26，本紀第 26，仁宗三，594 頁。

〔註 151〕蔡巴・貢噶多吉著，陳慶英等譯《紅史》，121 頁，西藏人民出版社，2002 年 4 月。

璧方詢問其由，僧已率其黨持白梃突入公府，隔案引璧髮，捽
諸地，捶撲交下，拽之以歸，閉諸空室，久乃得脫，奔訴於朝，遇
赦以免。二年，復有僧龔柯等十八人，與諸王合兒八剌妃忽禿赤的
斤爭道，拉妃墮車毆之，且有犯上等語，事聞，詔釋不問。而宣政
院臣方奏取旨：凡民毆西僧者，截其手；詈之者，斷其舌。時仁宗
居東宮，聞之，亟奏寢其令。〔註152〕

在武宗的包庇縱容下，西僧「怙勢恣睢，日新月盛，氣焰薰灼，延於四方，
為害不可勝言」。〔註153〕仁宗不同意乃兄的做法，亟奏諫止，方得廢止武宗通
過宣政院頒行的詔令。

　　元朝諸帝在崇奉藏傳佛教的同時，對中原佛教中漢化程度最深的禪宗一
派多有貶抑，然仁宗卻對包括禪宗在內的漢地佛教優禮有加。仁宗尚在東宮
時，即對漢地佛教表示支持，於至大元年（1308）賜臨濟宗中峰明本「法慧
禪師」尊號，對當時被指斥為邪說嚴屬禁止之白蓮教派僧人普度所撰《廬山
蓮宗寶鑒》頗為贊許，〔註154〕「教刊板印行」〔註155〕。仁宗即位後更是大力
扶植漢地佛教，至大四年（1311）甫登大位便取消武宗朝頒行的對白蓮教的禁
令，敕令白蓮宗和尚「依著在先遠公法師起立來的供念阿彌陀佛精持齋戒的
勾當休交斷絕了，與俺根底祈福祝壽者」，〔註156〕白蓮宗恢復合法地位，香火
復盛。皇慶元年（1312）賜臨濟宗松源系古林清茂禪師「扶宗普覺佛性禪師」

〔註152〕《元史》，卷202，列傳第89，釋老傳，4521～4522頁。
〔註153〕《元史》，卷202，列傳第89，釋老傳，4521頁。
〔註154〕元初政府曾積極扶持白蓮宗，武宗朝白蓮宗遭禁，《元史》：「（至大元年五月
　　　　丙子）禁白蓮社，毀其祠宇，以其人還隸民籍」，卷22，本紀第22，武宗一，
　　　　498頁；《通制條格校注》：「（至大元年）俺商量來，將應有的白蓮堂舍拆毀
　　　　了，他每的塑畫的神像，本處有的寺院裏教放著。那道人每發付元籍，教各
　　　　管官司，依舊收繫當差」，卷二十九，僧道，俗人做道場，730頁，中華書局，
　　　　2001年7月。
〔註155〕至大元年（1308）元廷下令禁白蓮教，普度即趕往大都向尚在東宮的愛育黎
　　　　拔力八達獻上《蓮宗寶鑒》，《蓮宗寶鑒序》載此事：「得奉法旨，教般若室利
　　　　長老、賢耶那室利闍羅羅司丞於至大元年十月十一日至隆福宮，今上皇帝潛
　　　　龍時分，月海怯薛第一日，親奉蓮宗寶鑒。奉令旨，教刊板印行者」，《元代
　　　　白蓮教資料彙編》，7～8頁，中華書局，1989年。參見楊訥《元代的白蓮教》，
　　　　元史研究會編《元史論叢》，第二輯，189～216頁，中華書局，1983年。普
　　　　度向仁宗獻自編《蓮宗寶鑒》集，當與仁宗在藩時便支持漢傳佛教攸關。
〔註156〕果滿《廬山復教集》，卷上，宣政院榜，轉引自楊訥《元代白蓮教資料彙編》，
　　　　188頁。

尊號，敕住開元寺傳法。〔註157〕延祐三年（1316）加封明本「佛慈圓照廣慧禪師」，賜金襴袈裟，並將中峰禪師住持的師子禪院升爲正宗禪寺，御賜「師子正宗禪寺」之額。〔註158〕由此可見，元仁宗龍潛之時即積極支持漢地佛教，但由於武宗熱衷藏傳佛教，漢地佛教未有較大發展，仁宗繼位後漢地佛教獲得發展契機。英宗至治元年（1321）吳澄慨歎「禮佛之屋遍天下」，〔註159〕這與仁宗積極扶持漢地佛教直接攸關。

仁宗之前元廷諸帝對藏傳佛教的榮寵異乎尋常，所建佛寺的核心部分均體現藏傳佛教曼荼羅之空間意向，寺院基址亦接近方形，如世祖所建大聖壽萬安寺、成宗所建大天壽萬寧寺、武宗所建大崇恩福元寺。大承華普慶寺是仁宗尚爲太子時於至大元年（1308）下令擴建的，其時正值武宗迷戀藏傳佛教、禁止白蓮教傳播，大承華普慶寺寺院布局與大都已有的敕建佛寺明顯不同，採取更接近漢地佛教寺院的建築模式，當出自仁宗裁斷。

仁宗登極後對前朝故政進行了大刀闊斧的改革，至大四年（1311）武宗去世僅三天，初執朝政的仁宗即將武宗的施政方針完全否定，廢除乃兄絕大多數政策並進行血腥清洗，同時大力推行漢法，崇文尚儒成爲仁宗朝政策的顯著特色。〔註160〕由此可見，仁宗對武宗所施政策不滿已久，但尚爲太子時難以在政治舞臺上有所作爲。〔註161〕從至大元年（1308）公然支持剛被查禁

〔註157〕《卍新纂續藏經》：「仁廟賜號扶宗普覺佛性禪師，特加護持」，第71冊，古林和尚行實，臺北：白馬精舍影印本。

〔註158〕《元故天目山佛慈圓照廣慧禪師中峰和尚行錄》：「至大戊申，仁宗皇帝在東宮，賜號法慧禪師」「（延祐丙辰）九月，上顧近臣曰：朕聞天目山中峰和尚道行久矣……其賜號佛慈圓照廣慧禪師，並賜金襴袈裟，仍敕杭州路優禮外護，俾安心禪寂。改師子禪院爲師子正宗禪寺，詔翰林學士承旨趙公孟頫撰碑以賜」，轉引自石峻、樓宇烈等編《中國佛教思想資料選編》，第三卷，第一冊，548～549頁，中華書局，1987年10月。

〔註159〕《全元文》，第15冊，卷508，會善堂記，310頁，江蘇古籍出版社，1999年。

〔註160〕仁宗以儒治國主要表現在起用至元故老、翻譯刊布漢族經史、尊孔崇儒、恢復科舉考試等方面，參見羅賢祐《元朝諸帝漢化述議》，《民族研究》，1987年第5期；白壽彝總主編，陳得芝主編《中國通史》，第八卷，467～477頁，上海人民出版社，1997年。

〔註161〕武宗帝位實賴仁宗奪得，雖立仁宗爲皇太子，卻擔心其有篡位之謀，尚書省平章三寶奴等還曾向武宗建議廢仁宗皇太子地位，仁宗龍潛之時不得不在政治上執持忍讓韜晦的態度，參見（德）傅海波、（英）崔瑞德編《劍橋中國遼西夏金元史》，588～590頁，中國社會科學出版社，1998年；《元史》，卷138，列傳第25，康里脫脫傳，3324頁；《元史》，卷178，列傳第65，王約傳，4139～4140頁；《元史》，卷240，列傳第91，宦者，4551頁。

的白蓮宗思想傳播來看，仁宗在宗教管理方面有相當的自主權。仁宗龍潛時所建大承華普慶寺一改敕建佛寺習用的蒙、藏、漢建築風格雜糅的特點，代之以與漢地伽藍相類的建築模式，正是仁宗雅好漢文化，渴望以漢法變革武宗朝漢、蒙、回回法相參用統治體制之心跡的表露，與其繼位後採取的一系列推行漢法的舉措一脈相承。

7.5　元大都的漢地佛教寺院

　　金元之際，元大都地區的漢地佛教主要爲禪宗。忽必烈即位後，大力尊崇藏傳佛教，與此同時，對禪宗一系加以貶抑，而漢地佛教中禪宗之外的律宗、華嚴宗等派別重又趨於活躍。元明政權更迭，元大都敕建佛寺作爲異族異文化的象徵罹遭毀壞，而漢地佛教寺院則大多沿用至明清。據筆者的統計，元大都城內漢地佛教寺院共有 19 座，其中可以確定基址範圍的有 17 座，下面對其位置、建設時間與基址規模進行分析。

（一）崇國寺

　　興建沿革　崇國寺建於元至元中，皇慶、延祐、至正多次重修，明成化七年（1471）更名爲大隆善護國寺，清康熙六十一年（1722）重修，改名護國寺。《日下舊聞考》載：「崇國寺在今西四牌樓大街東，德勝門大街西……今其地稱護國寺街」〔註162〕，護國寺今日仍存，位置在護國寺街西口路北，其地元代屬發祥坊。釋法楨至正十一年（1351）所撰《大都崇國寺重建碑銘》中有關於寺院歷史的記載：

> 京師有寺曰崇國，前至元乙酉，世祖賜地，傳戒大德沙門定演
> 開創，凡百餘楹。皇慶延祐間，仁宗皇帝阿南達錫哩皇后賜鈔三千
> 餘定，買地別建三門，壽元皇太后復鈔五百定，而經營焉。〔註163〕

趙孟頫皇慶元年（1312）《大崇國寺佛性圓融崇教大師演公碑銘》載：

> 師名定演，俗姓王氏，世爲燕三河人。七歲入大崇國寺，事隆
> 安和尚。世祖賜號佛性圓融崇教大師。至元二十四年，別賜地大都，
> 乃與門人協力興建，作大殿以像三聖，樹高閣以度諸經。丈室廊廡，
> 齋廚僧舍，悉皆完美。故崇國有南北寺焉。時昊天宿德雄辯大師，

〔註162〕《日下舊聞考》，卷五十三，城市，842 頁。
〔註163〕《大都崇國寺重建碑銘》，引自《日下舊聞考》，卷五十三，城市，845 頁。

－209－

授以道宗刺血金書戒本，於是祝髮之徒萬計。禮師自莊講席，爲羯
摩首。師數蒙聖恩，嘗賜白玉觀音菩薩像。〔註164〕

從趙孟頫所撰碑文可以看出，元時大都城有南北兩座崇國寺。朱彝尊根據《燕雲錄》有「詣燕山崇國寺安泊」之語，斷定崇國寺金已有之。金元之際崇國寺毀於戰火，破金後在寺院舊址重建，悉復舊觀。定演至元二十一年（1284）在大都新城另創崇國寺，〔註165〕人稱崇國北寺，原崇國寺則稱作崇國南寺。

定演幼年在崇國寺師從隆安和尚，隆安和尚即隆安善選，是金末元初著名的華嚴宗與律宗高僧，其事蹟在《大元敕賜大崇國寺壇主空明圓證大法師隆安選公特賜澄慧國師傳戒碑》（下稱《善選傳戒碑》）中有詳細記載〔註166〕。定演爲隆安善選弟子，開創並主持崇國北寺，可知崇國北寺應爲華嚴與律宗寺院。

《帝京景物略》稱崇國北寺「爲脫脫丞相故宅」〔註167〕，千佛殿旁有脫脫夫婦像，一襆頭朱衣，一鳳冠朱裳。崇國北寺建於元初至元間，脫脫爲元末順帝朝丞相，其時崇國北寺早已有之，絕非由脫脫故宅「捨宅爲寺」而來。崇國北寺元季曾多次重修，至正間亦有修建，明永樂十四年（1416）西域僧人曾移居寺中，可知寺院元末猶存。根據《善選傳戒碑》碑陰所刻「宣政院諭劄」，隆安善選於順帝至正二十三年（1363）被追封爲澄慧國師，〔註168〕說明隆安所奉華嚴與律宗元末仍頗受朝廷禮遇，崇國北寺爲其支脈，亦無廢寺爲宅或毀寺建宅之理。陳宗蕃認爲按元朝慣例，大臣奉旨出都返回時往往先寄寓寺中，待覆命之後方回己宅，崇國北寺極有可能爲脫脫丞相經常借宿之寺，久之被稱作脫脫故宅，是較爲可信的說法。〔註169〕

基址規模　從《乾隆京城全圖》中可以看出，今日護國寺街以北至百花

〔註164〕《大崇國寺佛性圓融崇教大師演公碑銘》，引自《日下舊聞考》，卷五十三，城市，845頁。

〔註165〕崇國北寺始建年代說法不一，趙孟頫皇慶元年所撰碑文中言爲至元二十四（1287）年，危素至正二十四年所撰碑文言爲至元二十二年（1285），此外寺內千佛殿有至元二十一年（1284）碑中載「大都路僧錄司簡復薊州遵化縣般若院莊田水碾歸崇國北寺掌管」，可見北寺始建於至元二十一年比較可信。

〔註166〕北京圖書館金石組編《北京圖書館藏中國歷代石刻拓片彙編》，第50冊，中州古籍出版社，1990年。

〔註167〕《帝京景物略》，卷一，城北內外，崇國寺，33頁。

〔註168〕《北京圖書館藏中國歷代石刻拓片彙編》，第50冊。

〔註169〕陳宗蕃《燕都叢考》，第五章，337頁，北京古籍出版社，1994年。

深處胡同間的地塊中無東西貫通的胡同，而護國寺街以南、百花深處胡同以北的胡同排列規則，應爲元代形成，可以確定元代崇國寺的基址南抵今護國寺街，北抵百花深處胡同。基址南北方向長度爲 276 米，約合元代 175 步。今日護國寺東牆至棉花胡同間清代皆爲民居，可能這一地塊爲元代崇國寺的東跨院，清代護國寺僅保存崇國寺的中路部分，東西跨院淪爲民居，崇國寺西牆應在與今棉花胡同對稱的位置。護國寺中軸線與棉花胡同的間距爲 104 米，崇國寺基址東西方向應爲 208 米，約合元代 132 步。（圖 7.19，7.20）元大都崇國寺的基址規模約爲 96 畝。在細化的城市平格網中，東西 12 格，南北 14 格。

圖 7.19　《乾隆京城全圖》中護國寺

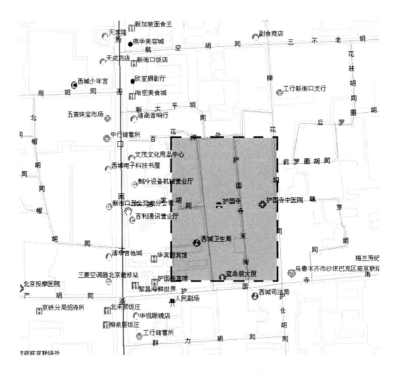

圖 7.20　崇國寺用地範圍

（二）能仁寺

興建沿革　能仁寺位於西城區，據《光緒順天府志》：「能仁寺，元刹也，在兵馬司胡同。」〔註170〕寺始建於元延祐六年（1319），明洪熙元年因舊重修，賜額大能仁寺。正統九年胡濙《大能仁寺記略》碑文記載寺院修建情況：「京都城內有寺曰能仁，實元延祐六年開府儀同三司崇祥院使普覺圓明廣照三藏法師建造。逮洪熙元年，仁宗昭皇帝增廣故宇而一新之，特加賜大能仁之額」〔註171〕。

基址規模　《乾隆京城全圖》中繪有大能仁寺，位置在今能仁胡同西側。大能仁寺南側的後泥窪胡同、豐盛胡同、兵馬司胡同間距均爲 78 米左右，北側的磚塔胡同與羊肉胡同間距離亦爲 78 米，說明這幾條胡同均爲元代形成。由此，可以確定元大都能仁寺的基址範圍東抵今能仁胡同，南抵兵馬司胡同，西抵太平橋大街，北抵磚塔胡同。基址東西方向 96 米，約合元代 61 步，南北方向 308 米，約合 196 步，能仁寺的基址規模約爲 50 畝。

〔註170〕《光緒順天府志》，京師志十六，寺觀一，491 頁。
〔註171〕《大能仁寺記略》，引自《日下舊聞考》，卷五十，城市，801 頁。

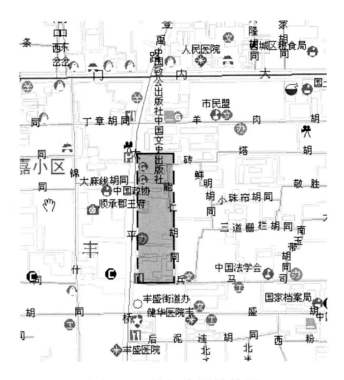

圖 7.21　能仁寺用地範圍

（三）報恩寺

元大都城內共有兩處報恩寺。《宸垣識略》:「報恩寺在北居賢坊，洪武元年八月，大兵定燕都，危學士素走報恩寺，俯身入井」，〔註172〕今東城區北新橋二號胡同明清時稱作報恩寺胡同，胡同西口路北原有報恩寺，此地明代屬北居賢坊，應為元剎報恩寺故址。今日北新橋頭條、二條、三條胡同排列規則，間距均為 78 米，屬元代胡同之遺存。元大都報恩寺的用地範圍應在今北新橋頭條與二條胡同之間，基址南北方向長度合元代 44 步，基址東西寬度應小於南北長度，若以 44 步計算則為 8 畝，可見此寺的基址規模不足 8 畝。

此外，元末大都城內另建有一處報恩寺。清人震鈞《天咫偶聞》載:「順天府學在府學胡同，元之報恩寺也」〔註173〕，這座報恩寺前身為太和觀，元末太和觀廢圮，有僧在其舊址募造佛寺，亦名報恩寺，明代寺院改為順天府學。這一報恩寺的位置屬明代教忠坊，基址規模與太和觀同，約為 25 畝。〔註174〕

〔註172〕《宸垣識略》，卷六，內城二，119 頁。
〔註173〕《天咫偶聞》，卷三，68 頁。
〔註174〕參見第 8 章第 1 節。

（四）柏林寺

創建於元至正七年（1347）﹝註175﹞，明正統間重建，清康熙、乾隆年間均有重修。寺院保存至今，位置在雍和宮東側戲樓胡同。《乾隆京城全圖》中繪有柏林寺，與今日北京柏林寺規模相同。從今日北京地圖上量得柏林寺基址東西方向 87 米，南北方向 188 米，基址規模約為 27 畝，元大都柏林寺基址規模可能亦為 27 畝。

（五）極樂寺

極樂寺建於元至元間，﹝註176﹞明嘉靖四十年（1561）重修。《日下舊聞考》引《明順天府志》：「極樂寺在崇教北坊」﹝註177﹞，《京師坊巷志稿》：「極樂寺內有敕建碑，在崇教坊北。」﹝註178﹞《京師五城坊巷胡同集》記北城崇教坊有極樂寺胡同，胡同因極樂寺而名，民國三十六年（1947）改稱永康胡同，極樂寺應在今永康胡同附近。

對照《乾隆京城全圖》在極樂寺胡同附近找出極樂寺的位置，在今永康胡同西口路北，前肖家胡同以南的位置。（圖 7.22）從地圖上量得極樂寺基址南北長度與東西寬度皆為 79 米，極樂寺的基址規模約為 10 畝。

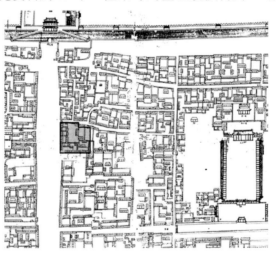

圖 7.22 《乾隆京城全圖》中極樂寺

﹝註175﹞《御製重修柏林寺碑文》：「考寺之始創也，不著於圖志。惟明正統間所存故碼稱元至正七年肇建」，引自《日下舊聞考》，卷五十四，城市，861～862 頁。
﹝註176﹞《明順天府志》謂極樂寺「元至元間建」，卷 54，城市，863 頁。
﹝註177﹞《日下舊聞考》，卷五十四，城市，863 頁。
﹝註178﹞《京師坊巷志稿》，卷上，173 頁。

（六）圓恩寺

圓恩寺創建於元至元間，後多次重修。《日下舊聞考》言寺「在昭回坊」，「在圓恩寺胡同」，[註179] 圓恩寺胡同乾隆時改稱前圓恩寺胡同，其北緊鄰的胡同稱後圓恩寺胡同[註180]。巷因寺名，圓恩寺基址南北方向長度即應爲前、後圓恩寺胡同間的距離，即 44 步。《乾隆京城全圖》中繪有圓恩寺，主院兩進，並有東西跨院。（圖 7.23）其地元代屬昭回坊，今鐵道兵幹部休養所即其舊址。從《乾隆京城全圖》中量得圓恩寺基址東西方向寬度 58 米，約合 37 步，圓恩寺的基址規模約爲 7 畝。

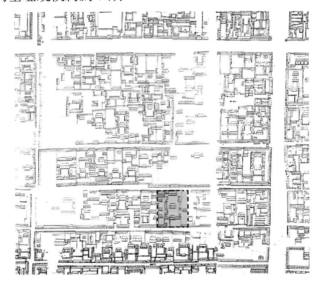

圖 7.23　《乾隆京城全圖》中圓恩寺

（七）無量壽庵

無量壽庵建於元至元十一年（1274），《說學集》記載此庵來歷道：

> 京師寅賓里有無量壽庵者，居士屠君所建也。……至元元年，大兵驅至開平，日夜思念其母，南望悲泣，因禮佛絕葷酒十有一年。還至大都，師事華庵滿禪師於慶壽寺，滿號之曰居士。時宋已內附，疆宇混一，私喜可見其母。亟馳書候之，母已沒矣。居士擗踴號慟若不欲生。二十一年，出己資七百貫買地十畝於太廟之西，作無量

〔註179〕《日下舊聞考》，卷五十四，城市，863 頁。

〔註180〕1965 年整頓地名時，前圓恩寺胡同改稱交道口南四條，文革期間又改爲大躍進路六條，今恢復舊名。

壽庵，樹佛殿四楹，屋宇像設無不具足，濬井治圃，手植嘉木。⋯⋯
皇慶二年，遇災庵毀，子覺興哀金於好施者，復謀營建。未幾規制
悉還其舊。〔註181〕

無量壽庵是山陽居士屠文正出資興建，以爲太夫人薦冥福，其地在寅賓坊元太
廟之西，基址規模爲十畝。危素至正十年（1350）在《無量壽庵記》中寫道：

（屠居士）恒以清旦誦《四聖眞詮》，臨暮禮白蓮寶懺，夜禮佛，
千拜乃寐。十有一年，還至大都。明年，師事華庵滿禪師於慶壽寺，
滿號之曰居士。⋯⋯乃卜六月癸未，集善信百餘人，建白蓮社。廿有
一年，出己貲七百貫，買地十畝於太廟之西，作無量壽庵。⋯⋯及世
祖皇帝誕降之辰，用其法祈天永命，故其庵名之曰「無量壽」。〔註182〕

從這段記錄可以看出，屠居士信奉白蓮教，出資建庵聚眾修道，並在世祖誕
降之日修法「祈天永命」，因而獲得朝廷的支持。

　　無量壽庵的具體位置，史書乏陳，但從其基址規模僅 10 畝來看，寺院南
北方向長度應爲相鄰兩條胡同間的距離，東西方向長度爲 10×240 平方步／
44＝54.54 步，約合 55 步。《乾隆京城全圖》中的恒親王府與固山貝子府是在
元太太廟舊址上營建的，弓匠營胡同（今稱南弓匠營胡同）爲元代太廟西垣
的位置。胡同西側的五聖庵南北方向長度爲相鄰兩個胡同的距離，東西方向
86 米，約合元代 55 步，與無量壽庵基址規模相符，可以確定清代五聖庵是在
元代無量壽庵的故址上改建而成。（圖 7.24）

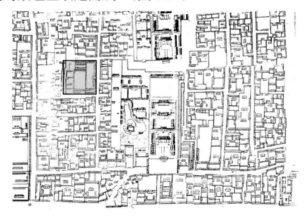

圖 7.24　無量壽庵在《乾隆京城全圖》中位置

〔註181〕《説學集》，引自《日下舊聞考》，卷四十八，城市，767 頁。
〔註182〕《全元文》，卷一四七四，無量壽庵記，313～314 頁，鳳凰出版社，2004 年。

（八）圓寧寺

圓寧寺建於元代，具體時間無考。《日下舊聞考》：「圓寧寺在今羊管胡同，係元時舊跡，以僧圓寧得名。明嘉靖十五年，沙門朽庵、宗林重修，其碑尚存寺中。又有元時石碣，亦作圓寧，其為圓寧寺無疑。朱彝尊原書引五城坊巷胡同集誤作元寧，今門額亦作元寧者，乃書額者未之考耳。」〔註183〕羊管胡同，明代屬北居賢坊，名為楊二官胡同。《京師五城坊巷胡同集》中「北居賢坊」條有楊二官胡同與元寧觀，並無「圓寧寺」之名，可知元之圓寧寺明時曾一度改作道觀，稱元寧觀，嘉靖十五年（1536）僧朽庵募緣重修，重又易為佛寺，額曰元寧寺。清人于敏中不明其中原委，誤認為《五城坊巷胡同集》中記載有誤。

清代元寧寺的位置，在羊管胡同東口北側，即今東城區東羊管胡同東口路北，元剎圓寧寺亦在此地，屬元大都居賢坊。根據今日胡同肌理，可以確定元代圓寧寺在今東羊管胡同以北，南馬杓胡同以東，北馬杓胡同東口以南，東直門北大街以西的地塊中。基址東西 119 米，約合元代 76 步，南北 138 米，約合 88 步。圓寧寺的基址規模約為 28 畝。（圖 7.25）

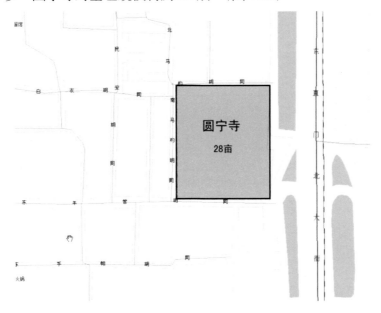

圖 7.25　圓寧寺用地範圍

〔註183〕《日下舊聞考》，卷五十四，城市，860 頁。

（九）法通寺

建於元至正年間，明成化丁酉（1477）御馬監太監劉瑄、內官監太監馬華等捐貲建淨土禪堂三楹，清康熙四十四年（1705）重修，改名淨因寺。〔註184〕《乾隆京城全圖》中繪有此寺，在安定門內法通寺胡同路北，即今東城區華豐胡同路北。元代法通寺亦當在此，屬大都金臺坊。

《乾隆京城全圖》中的淨因寺由東西兩組院落組成。主要殿堂位於東路，分兩進院落，包括天王殿三間、大殿五間、後殿七間與東西配殿，西路三進院落，中軸線上依次排列三座三間的殿堂。〔註185〕（圖 7.26）從《乾隆京城全圖》量得淨因寺基址東西寬度為 52 米，約合元代 33 步，南北方向則為元代相鄰兩條胡同的標準間距 44 步。元代法通寺用地範圍與淨因寺相近，基址規模約為 6 畝。〔註186〕

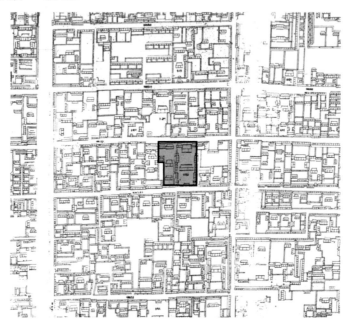

圖 7.26　《乾隆京城全圖》中淨因寺

〔註184〕《日下舊聞考》，卷五十四，城市，866 頁。

〔註185〕上世紀五十年代曾對此寺進行過調查，調查記錄記載寺院分東西兩路，東路主要建築有山門、關帝殿、正殿與後殿，寺院平面布局與《乾隆京城全圖》中所繪吻合。關帝殿在《乾隆京城全圖》中未見，當為乾隆朝後添建。

〔註186〕淨因寺西牆北段向西突出一小部分，屬侵佔鄰宅基址，不應計算在法通寺基址規模內。

（十）福安寺

　　始建於元至正間，據《京師五城坊巷胡同集》可知福安寺在南居賢坊，[註187] 《宸垣識略》載：「福安寺在瓦盆胡同」，[註188] 《日下舊聞考》云：「福安寺在瓦岔胡同」[註189]。在《乾隆京城全圖》中找出福安寺界至，其地在瓦岔胡同以南，官學胡同以東，即今東城區北溝沿胡同以東，大菊胡同以南，小菊胡同以西，七十九中南側第一條胡同以北的位置。（圖 7.27，7.28）福安寺基址東西 74 米，南北 107 米，基址規模約為 13 畝。

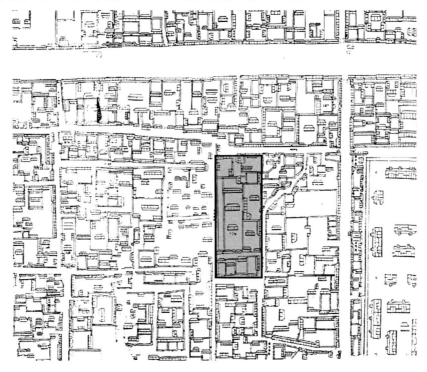

圖 7.27　《乾隆京城全圖》中福安寺

〔註187〕《京師五城坊巷胡同集》，東城，9 頁。

〔註188〕《宸垣識略》，卷六，內城二，107 頁。

〔註189〕《日下舊聞考》，卷四十八，城市，770 頁。

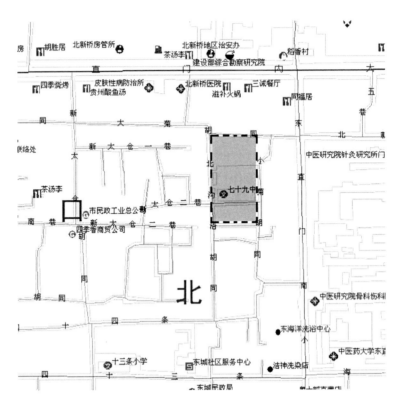

圖 7.28　今日北京地圖中福安寺位置

（十一）千佛寺

始建於元貞丙申（1296），明宣德癸丑（1433）「因故址而新之」，明英宗正統戊午（1438）賜額吉祥寺，而俗猶稱千佛寺。萬曆九年德勝門北八步口另建千佛寺，遂稱此寺為小千佛寺以示區別。嘉靖丙申（1536）馬經撰碑云：「吉祥寺即元之千佛寺，在都城坎地金臺坊」〔註190〕，今東城區千福巷明清時稱千佛寺胡同，清末巷內仍有千佛寺（吉祥寺），此即元代千佛寺的位置。其地在明代順天府署西北，與《明一統志》「吉祥寺在府治西」的記載相符。〔註191〕1965 年千佛寺胡同改稱千福巷，寺亦被拆毀。

《乾隆京城全圖》中繪有千佛寺，位置在今千福巷東西一線與東緣胡同之間。基址東西 41 米，南北 68 米，基址規模約為 5 畝。清代千佛寺規模可能不及元代，寺院西牆至寶鈔胡同間的民居可能在元代千佛寺基址範圍內，

〔註190〕《日下舊聞考》，卷五十四，城市，866 頁。
〔註191〕《明一統志》，引自《日下舊聞考》，卷五十四，城市，867 頁。

推測元代千佛寺基址規模在 8 畝左右。

（十二）興福院

　　始建於至元年間，《清容居士集》云：「興福院在都城保大坊北，其主僧尼捨塵，至元中，平章政事王公毅、樞密副使吳公圭、福建宣慰使李公果始買今院地。至大德中，平章政事賈公與其夫人林氏引見於皇后，下教出財帛建其殿曰慈尊。延祐五年告成，奉旨禁護，掌教者錫名清修妙行以褒美之。」〔註192〕寺院位於保大坊北，地近大內。明代改稱捨飯幡竿寺，清代沿用，《日下舊聞考》云：「碑稱捨飯寺起於元至元間，歷明至今四百餘年」。〔註193〕根據《乾隆京城全圖》可知寺院在今翠花胡同以北，東黃城根北街以東，弓弦胡同以南的地塊中，基址東西 68 米，南北 190 米。（圖 7.29，7.30）由此可以確定元大都興福院的基址規模約為 22 畝。

圖 7.29　《乾隆京城全圖》中捨飯幡竿寺

〔註192〕《清容居士集》，引自《日下舊聞考》，卷四十三，城市，678 頁。
〔註193〕《日下舊聞考》，卷 43，677 頁。

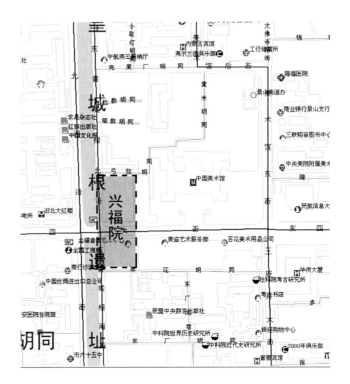

圖 7.30　今日北京地圖中興福院位置

（十三）廣化寺

寺院時間具體時間不詳，《析津日記》中記寺院來歷：「廣化寺在日中坊雞頭池上，元時有僧居之，日誦佛號，每誦一聲，以米一粒計數，凡二十年，積至四十八石，因以建寺焉。」〔註194〕寺院保存至今，現爲北京佛教協會所在地，位置在地安門外鴉兒胡同，元時屬日中坊。今日廣化寺沿用元代舊址，佔地面積 13800 平米，可以確定元代廣化寺基址規模約爲 23 畝。

（十四）半藏寺（義利寺）

半藏寺始建於元至正十一年（1351）〔註195〕，爲僧義佛募建，《日下舊聞考》載寺院沿革：「建於元至正間，爲僧義佛駐錫之所。師早膺祖印，定慧不群，人羨所居，名半藏焉。至正七年，其徒智存奉狀徵銘，丞相布哈奏請賜額義利。明嘉靖中重修，改名保安寺。」〔註196〕

〔註194〕《析津日記》，引自《日下舊聞考》，卷五十四，城市，879 頁。

〔註195〕《宛署雜記》：「義利寺，元至正十一年建」，卷十九，寺觀，195 頁。

〔註196〕《日下舊聞考》，卷四十四，城市，695 頁。

　　保安寺的位置，史籍所載共有三處。一在明北京外城宣南坊，〔註197〕《日
下舊聞考》引《五城寺院冊》云：「保安寺在米市胡同北口保安寺街」，〔註198〕
即今宣武區保安寺街。《日下舊聞考》又引明郭秉聰嘉靖二十六年（1547）所
撰《重修保安寺碑》：「保安禪寺在都城南三里許，創自正統年間，歲久浸廢。
嘉靖時修復，鳩工聚財，撤頹拓隘，梵宇佛像，金壁輝煌，以至僧舍、齋堂、
門廡、庖庫之屬，靡不整飭。規模壯麗，視昔加倍矣。」〔註199〕可知此一保
安寺始創於明英宗正統年間，且創建之時即名保安，顯非元之半藏寺。

　　另一處保安寺在明代北京西四牌樓大街之西，即元代平則門內大街路
北，今歷代帝王廟的位置。《明典匯》載帝王廟的選址經過：「中允廖道南請
撤靈濟宮神，改設帝王廟，禮部以所在窄隘，宜擇地別建。於是工部相度阜
成門內保安寺故址，舊為官地，改置神武后衛，地勢整潔，且通西壇，可鼎
新之。詔可。」〔註200〕《帝京景物略》亦云歷代帝王廟乃保安寺舊址，「廟在
阜成門內，大市街之西，故保安寺址也。」〔註201〕史籍所見元代以前的寺院
中並無保安寺之名，推測此一保安寺建於元代，與其東側的西劉村寺元末一
併毀於戰火。明初寺址收為官地，曾作為神武后衛營地，嘉靖九年（1530）
在此另建帝王廟。而據《日下舊聞考》的記載可知，元之半藏寺明代猶存，
嘉靖中重修並易名保安寺，故此保安寺亦非半藏寺。

　　《日下舊聞考》中關於積慶坊中興化寺、旌勇祠位置的記載為確定半藏寺
的位置提供了重要線索，「興化寺在半藏寺東北半里許，寺中有明嘉靖等年重修
碑四，今其地猶名興化寺街云。」「旌勇祠在半藏寺西。」〔註202〕興化寺街明
代稱興化寺胡同，〔註203〕巷因寺名，興化寺應在此胡同路北。《乾隆京城全圖》
中繪有興化寺，在今興華胡同東段路北的位置。旌勇祠在地安門西大街旌勇里
胡同東側，建於清乾隆三十三年（1768），祠保存至今。根據《日下舊聞考》的
記載，半藏寺在興化寺西南，旌勇祠東側，可以確定其位置在今地安門西大街

〔註197〕《京師五城坊巷胡同集》，南城，17頁，北京古籍出版社，2000年。《日下舊聞
　　　　考》引《五城坊巷胡同集》，將「宣南坊」誤作「正南坊」，卷六十一，997頁。
〔註198〕《五城寺院冊》，引自《日下舊聞考》，卷六十一，城市，997頁。
〔註199〕《重修保安寺碑》，引自《日下舊聞考》，卷六十一，城市，997頁。
〔註200〕《明典匯》，引自《日下舊聞考》，卷五十一，城市，806頁。
〔註201〕《帝京景物略》，卷四，西城內，帝王廟，181頁。
〔註202〕《日下舊聞考》，卷四十四，城市，695頁。
〔註203〕興化寺胡同乾隆時期稱興花寺胡同，清代晚期稱興化寺街，1965年後改稱興
　　　　華胡同。

以北，興華胡同以南，松樹街東側的地塊中。《乾隆京城全圖》中松樹街與地安門西大街交叉口東北有一座兩進的保安寺，即元代半藏寺的位置。此地明代屬積慶坊，與《京師五城坊巷胡同集》中的記載吻合。〔註204〕（圖7.31）

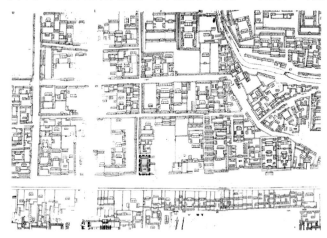

圖 7.31　《乾隆京城全圖》中保安寺

從《乾隆京城全圖》量得清代保安寺基址南北長度為 58 米，東西寬度為 34 米。元代半藏寺用地範圍與清代保安寺相同，基址約合 3.4 畝，寺院規模相當之小，故取「半藏」之名以喻之。（圖7.32）

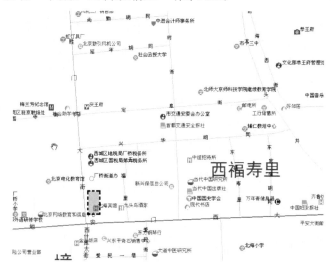

圖 7.32　今日北京地圖中半藏寺位置

〔註204〕《京師五城坊巷胡同集》中城「積慶坊」條下錄有半藏寺，7頁。

（十五）保安寺

根據上條的論證，明代所建歷代帝王廟沿用元代保安寺舊址，基址南抵今阜成門內大街，北抵西四北頭條，南北方向長度爲 182 米。東西寬度可能與今日相同，爲 102 米。元代保安寺基址規模與明代歷代帝王廟同，約合 31 畝。

（十六）楊國公寺

楊國公寺位於金城坊，《析津志輯佚》云：

> 自廟前巷口轉北，金城坊是。此街坊之內有楊國公寺，楊總統之父也。[註205]

楊總統即至元十四年（1277）任江南釋教都總統的楊璉眞伽，地位顯赫一時，爲其父薦冥福而建的寺院基址應突破 44 步的限制。

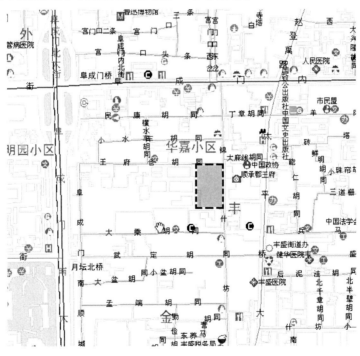

圖 7.33　今日北京地圖中楊國公寺位置

元大都金城坊在今錦什坊街以西，復興門內大街以北，阜成門南大街、復興門北大街以東，阜成門內大街以南的位置。《乾隆京城全圖》這一地塊內的胡同排列較爲規則，胡同間距大多爲 44 步。王府倉胡同與其南華家胡同（今

〔註205〕《析津志輯佚》，寺觀，67 頁。

已毀）間的距離為元大都標準胡同間距的兩倍，楊國公寺的位置很可能在這兩條胡同之間。明代華家胡同以北有崇寧廟，《乾隆京城全圖》中繪有此廟，僅兩進院落，規模較小。推測此廟可能是在元代楊國公寺故址上建造的，但規模已大為縮小。根據以上的分析，元代楊國公寺的基址範圍可能為：東抵今錦什坊街，南抵華家胡同，西抵崇寧廟西牆南北一線，北抵王府倉胡同。從《乾隆京城全圖》中量得寺院基址南北長度為 156 米，東西寬度為 90 米，楊國公寺的基址規模約為 24 畝。

（十七）永泰寺

《宸垣識略》云：「永泰寺在西直門高井胡同」，「西直門內橫橋西北有寺曰永泰，建於元」，〔註 206〕寺址在今西城區北草廠永泰胡同，具體位置已無從辨析。

（十八）寶磬寺

《寰宇通志》載：「寶磬寺在城內東，元建，永樂十年重修」〔註 207〕，具體位置已無法確定。

元大都城邊的漢地佛教寺院數量眾多，見於記載的有歸義寺、綿山寺、報先寺、崇聖寺、延洪寺、弘法寺、興禪寺、憫忠寺、崇仁寺、崇孝寺、駐蹕寺、寶集寺、天王寺、仰山寺、龍泉寺、竹林寺、寶塔寺、紫金寺、勝因寺、清安寺、殊勝寺、渤海寺、羅漢寺、法光寺、福聖寺、普安寺、淨垢寺、冰井寺、持精寺、觀音寺、天寧寺、普照寺等。〔註 208〕這些寺院主要集中在南城，多由遼、金佛寺改建而成，具體位置多不可考，本文不再一一詳述。茲將元大都城內的漢地佛教寺院始建時間、位置、基址規模列表如 7.5。

表 7.5　元大都城內漢地佛教寺院表

建築名稱	始建時間	所在坊名或位置	今日位置	基址規模（元畝）	所屬教派
崇國寺	1284	發祥坊	西城區護國寺	96	律宗、華嚴宗
能仁寺	1319	咸宜坊	能仁胡同西側	50	

〔註 206〕《宸垣識略》，卷八，內城四，162 頁。
〔註 207〕《寰宇通志》，引自《日下舊聞考》，卷四十八，城市，765 頁。
〔註 208〕參見《析津志輯佚》，寺觀，67～84 頁。

報恩寺(二處)		居賢坊	北新橋二條北	8	
	元末	仁壽坊	府學胡同北	25	
柏林寺	1347	居賢坊	戲樓胡同北	27	
極樂寺	至元間	安貞門內大街路東	永康胡同北	10	
圓恩寺	至元間	昭回坊	前圓恩寺胡同北	7	
無量壽庵	1274	寅賓坊	南弓匠營胡同西	10	白蓮宗
圓寧寺		居賢坊	東羊管胡同北	28	
法通寺	至正間	金臺坊	華豐胡同北	6	
福安寺	至正間	居仁坊	北溝沿胡同東	13	
千佛寺	1296	金臺坊	千福巷 5 號	8	
興福院	至元間	保大坊	翠花胡同北	22	
廣化寺		日中坊	鴉兒胡同東北	23	
半藏寺(義利寺)	1351	皇城北紅牆外	地安門西大街北	3.4	
保安寺		鳴玉坊	阜成門內大街北	31	
楊國公寺		金城坊	王府倉胡同南	24	
永泰寺		和義門內大街北	西直門內大街北		
寶磐寺		城內東			

　　從表中可以看到，元大都城內的漢地佛寺主要建於至元與至正年間，元代中期罕有建造，這與元帝對漢傳佛教的態度有關。元初，忽必烈需要借助漢傳佛教得到漢族民眾的歸附，同時牽制聲勢隆盛的全真道，採取種種推崇漢地佛教的舉措，大都城內建起多座漢地佛教寺院。而自成宗始，元廷對藏傳佛教的榮寵異乎尋常，對漢地佛教採取一定的限制措施。元末民族矛盾激化，爲緩和社會衝突，元廷對漢地佛教的限制有所鬆動，漢地佛教獲得較好的發展機遇，寺院建造再度趨於活躍。

　　元大都城內漢地佛寺的基址規模，大多在 30 畝以內。崇國寺爲世祖親自賜地，此後仁宗及皇后出資擴建，基址規模遠遠超過其餘諸寺。能仁寺亦因與元廷關係密切，得到仁宗優禮，規模達到 50 畝。民間自建的寺院規模較小，多由「捨宅爲寺」而來，最小的半藏寺基址規模僅 3.4 畝。與敕建佛寺動輒百畝的基址規模相較，可以看出寺院等級對其基址規模的影響。而無論敕建佛寺還是漢地佛寺，基址規模基本都受元大都城市平格網控制的。(圖7.34，7.35)

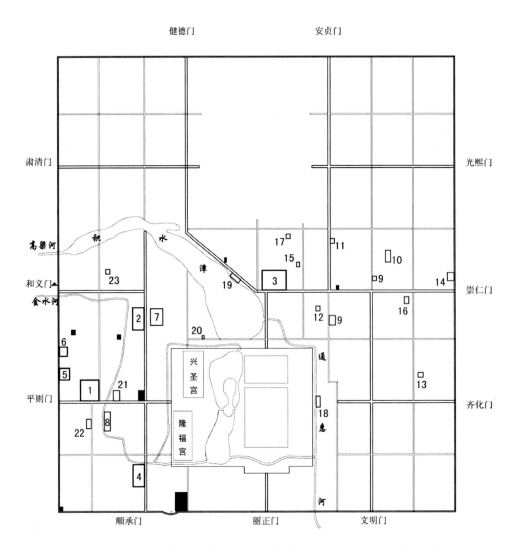

圖 7.34　元大都城內佛教建築分佈圖（黑色為前代佛寺）

敕建佛寺：1.大聖壽萬安寺；2.大承華普慶寺；3.大天壽萬寧寺；4.大興教寺；5.青塔寺；
　　　　　6.黑塔寺

漢地佛寺：7.崇國寺；8.能仁寺；9.報恩寺（二處）；10.柏林寺；11.極樂寺；12.圓恩寺；
　　　　　13.無量壽庵；14.圓寧寺；15.法通寺；16.福安寺；17.千佛寺；18.興福院；
　　　　　19.廣化寺；20.半藏寺；21.保安寺；22.楊國公寺；23.永泰寺

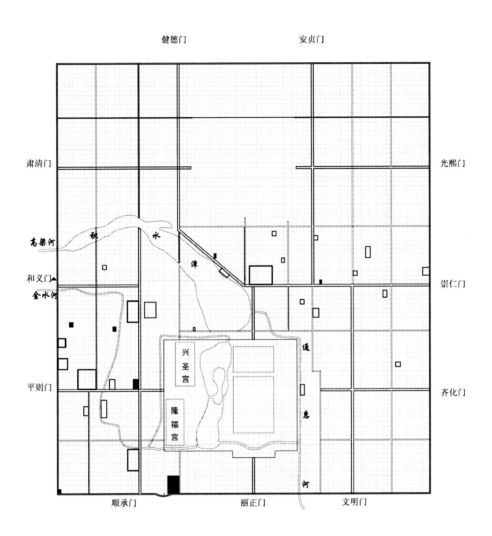

圖 7.35　元大都城內佛寺與城市平格網關係

第 8 章　元大都道教、基督教、
伊斯蘭教與薩滿教建築

8.1　道教建築

8.1.1　元大都地區道教概況

　　元代統治者對各種宗教採取兼容並蓄的態度，在崇奉藏傳佛教的同時，對其餘宗教亦平等對待。元代的道教，在宋金的基礎上又有新的發展和演變，諸道派更加興盛並逐漸合流，其中，北方的全眞教與南方的天師道獲得更爲有利的發展契機，影響遠勝其他諸派。〔註1〕

　　早在大蒙古國時期，成吉思汗就邀請全眞教道士丘處機北上雪山，問以長生久視之道，丘處機則告誡應「以清心寡欲爲要」，太祖「深契其言」，尊稱丘處機爲「神仙」。〔註2〕丘處機返回燕京後，太祖又命將金代所建的大天長觀更名長春宮，專奉丘神仙居住。長春宮自此成爲北方全眞教的中心，「玄風大振，四方翕然，道俗景仰，學徒雲集」，〔註3〕全眞教成爲當時最爲顯赫的宗派。尹志平、李志常嗣教後，全眞教繼續得到蒙古統治者的支持，元太宗十年（1238）三月，李志常復加封爲「玄門正派嗣法演教眞常眞人」，海迷

〔註1〕　參見卿希泰《中國道教史》，第 9 章，四川人民出版社，1996 年，178～382頁。

〔註2〕　《元史》，卷 202，列傳第 89，釋老傳，4525 頁。

〔註3〕　《雲山集》，卷 7，《道藏》，第 25 冊，414 頁。

失後二年（1250）李志常與隨丘處機同赴雪山的其餘十七人，以及四方名德，皆「獲紫衣師號之寵」，〔註4〕全眞教發展達到頂峰。

全眞道的發展離不開蒙古統治者的支持。王重陽開創全眞教後，經過二十年的發展，民間信徒日漸增多，教團力量不斷壯大，並取得一批中下層官吏的信奉，金元之際業已發展成爲一支在北方頗有影響的宗教勢力。蒙古統治者在入主中原之初，急需收拾人心，自然需要籠絡扶持聲勢隆盛的全眞教，而全眞教倡導的三教合一的思想，以及好生戒殺、濟世安民的救世情懷深合蒙古統治者的需要，元初宗教勢力盛極一時實屬必然。

然而，全眞教掌教在獲得無上榮寵後，很快由清虛沖淡的山林棲遁之士蛻變爲汲汲於名利的世俗官僚，全眞教徒欺壓佛教徒、橫行不法的事情時有發生，前期教門高道輩出的景象不復存在。而且，宋德方主編的《道藏》恰在此時告竣，將《老子化胡經》與《老子八十一化圖》廣爲散發，引起釋教弟子強烈不滿，佛道矛盾日趨尖銳，一場圍繞《老子化胡經》眞僞問題的佛道辯論不可避免地發生了。據《至元辨僞錄》記載，憲宗五年（1255）、憲宗八年（1258）、至元十八年（1281）先後進行了三次辯論，結果以全眞教徹底失敗而告終。〔註5〕全眞教歸還之前侵佔的全部佛寺，除《道德經》爲老子親著外，其餘道書盡數焚毀。〔註6〕

佛道辯論中佛教的勝利與蒙元統治者的立場直接收關。一方面，全眞教經過前期的發展，達到「東盡海，南薄漢淮，西北歷廣漠，雖十廬之聚，必有香火一席之奉」的局面，〔註7〕不僅在下層民眾中信徒甚眾，而且取得上層士大夫的支持，在社會上有很大影響，不能不引起蒙元統治者的猜忌；另一方面，全眞教徒本意借《老子化胡經》提升自身地位，卻忽略了蒙元統治者也屬來自蠻夷之地的「胡」，「化胡」實際是將華夏文化置於蠻夷文化之上，勢必引起蒙元帝王的反感。在至元十八年（1281）的佛道辯論大會上，忽必烈偏祖佛教的態度非常明顯，全眞教的失敗在情理之中。經過三次佛道辯論後，全眞教氣焰頓消，勢力遠落佛教之下，雖在成宗即位後發展步入正軌，但已不復往昔榮耀，在道教中一支獨盛的地位也爲新興的玄教所代替。

〔註4〕 《眞常觀記》，《秋澗集》，卷40，四庫全書本，1200冊，515頁。
〔註5〕 《至元辨僞錄》，卷3，《大正藏》，卷52，768～770頁。
〔註6〕 《元史》，卷11，本紀第11，世祖八，234頁。
〔註7〕 《清虛宮重顯子返眞碑銘》，《道家金石略》，476頁。

　　玄教是天師道的一個支派，其創始人是張宗演之徒張留孫。元代前期，天師道在江南的發展後來居上，聲勢迅速超過南方符籙其他各派與北方的眞大道、太一道。至元十三年（1276）元世祖平定江南，遂遣使召張道陵第三十六代孫張宗演付闕，「命主領江南道教，仍賜銀印」。〔註8〕天師道的興盛正值世祖攻取江南，忽必烈需要借助天師道的勢力籠絡江南人心，同時，全眞教的發展引起元廷猜忌，亦需另外扶持一支道教力量加以平衡。此外，天師道畫符持咒之術與全眞教的清修不同，而與蒙古族的薩滿信仰有共通之處，容易取得蒙元帝王的好感。因而，從忽必烈統一全國起，就將道教扶持的重點放在天師道上。

　　元廷欲選天師派道士留居大都，但諸道人多因北方寒冷不願留下，最後選中奏對稱旨的張留孫。張留孫爲裕宗及昭睿順聖皇后祈病有驗，世祖大悅，賜以尙方寶劍，「乃詔兩都各建上帝祠宇，皆賜名曰崇眞之宮」，〔註9〕「俾留孫居之，專掌祠事」。〔註10〕張留孫深得世祖信任，「寵遇日隆，比於親臣」，〔註11〕由一道士轉而成爲世祖身邊參與朝政的謀臣，「朝廷有大謀議，必見諮問」。〔註12〕與此同時，張留孫創立玄教，至元十五年（1278）世祖賜號「玄教宗師」，〔註13〕此後歷經成宗、武宗、仁宗、英宗之朝，榮渥有加，封「玄教大宗師」、「開府儀同三司」、「知集賢院事」，統領「諸路道教事」。〔註14〕終元之世，玄教深受朝廷扶植，在大都建有多座宮觀，成爲天師道的核心力量。

　　此外，金代創立的眞大教與太一教在元代也有所發展。眞大道金初創立後，蒙元時期內部出現分裂，分爲以大都南城春臺坊天寶宮爲中心的一派與南城仙露坊玉虛宮爲中心的另一派，玉虛宮一派仍名大道教，天寶宮一派則改名爲眞大道。〔註15〕眞大道得到元廷的支持漸趨強盛，〔註16〕玉虛宮一派

〔註8〕　《元史》，卷202，列傳第89，釋老傳，4526頁。

〔註9〕　《上卿眞人張留孫碑》，《道家金石略》，910頁。

〔註10〕　《元史》，卷202，列傳第89，釋老傳，4527頁。

〔註11〕　吳澄《上卿大宗師輔成贊化保運神德眞君張公道行碑》，《吳文正集》，卷64，四庫全書本，1197冊，633頁。

〔註12〕　虞集《張宗師墓誌銘》，《道園學古錄》，卷50，轉引自《道家金石略》，927頁。

〔註13〕　《元史》，卷202，列傳第89，釋老傳，4527頁。

〔註14〕　《上卿眞人張留孫碑》，陳垣《道家金石略》，文物出版社，1988年6月，910頁；《元史》，卷202，列傳第89，釋老傳，4528頁。

〔註15〕　參見陳智超《金元眞大道教史補》，《歷史研究》，1986年第6期。

〔註16〕　《元史》：「（眞大道）五傳至酈希成，居燕城天寶宮，見知憲宗」，卷202，列傳第89，釋老傳，4529頁。

則日漸式微，兩派最終統一到天寶宮第八代祖師岳德文麾下。太一教創立於金天眷中，世祖在潛邸時曾請第四代掌教蕭輔道北上和林，「奏對稱旨，留居宮邸」，至元十一年（1274）爲第五代掌教李居壽「建太一宮於兩京」，命爲皇室祈福消災，同時繼承太保劉秉忠之術，「禋祀六丁」。〔註17〕此外，太祖也聽取李居壽政治上的進言。〔註18〕元代中後期，六丁之祀已由天師教掌教或玄教大宗師統一安排，太一道自「七祖蕭天祐之後即不另設掌教，在組織上最後融入正一道」。〔註19〕

8.1.2　元大都城內的道教建築

蒙元時期大都地區建有多座道教宮觀。爲研究的方便，將其從地域上分爲大都城內與大都城外兩類。本節將文獻記載與《乾隆京城全圖》相對照，並結合今日北京街道胡同肌理，確定元大都城內道觀的位置與基址規模。據筆者統計，元大都城內道觀共有 17 處。

（一）崇眞萬壽宮

崇眞萬壽宮是元世祖爲玄教大宗師張留孫所建的宮觀，是玄教的最高指揮機構，並成爲歷代宗師的居所。《元一統志》載：

> 至元十五年置祠上都。尋命平章政事段貞度地京師，建宮艮隅，永爲國家儲祉地。闢丈室齋宇，給浙右腴田，俾師主之。賜額曰崇眞萬壽宮。元貞丙申春二月守司徒集賢使阿剌渾撒里、集賢大學士李蘭盼言崇眞萬壽宮成，制詔翰林文以識石，翰林學士王構譔記。〔註20〕

崇眞萬壽宮始建於至元十五年（1278），成宗即位後復加擴建，元貞二年（1296）訖功。〔註21〕因世祖曾封張留孫爲天師〔註22〕，故崇眞萬壽宮俗稱天師宮或天師庵。

〔註17〕《元史》，卷202，列傳第89，釋老傳，4530頁。

〔註18〕《元史》：「其後詔太子參決朝政，庶事皆先啓後聞者，蓋居壽爲之先也」，卷202，列傳第89，釋老傳，4530頁。

〔註19〕卿希泰《中國道教史》，第三卷，280頁。

〔註20〕《元一統志》，卷1，42頁，中華書局，1966年。

〔註21〕《上卿眞人張留孫碑》：「上悦，車駕屢親祠崇眞，敕留守段眞益買民地充拓其舊，期年訖功」，《道家金石略》，912頁。

〔註22〕《元史》：「帝后大悦，即命留孫爲天師，留孫固辭不敢當，乃號之上卿，命尚方鑄寶劍以賜，建崇眞宮於兩京，俾留孫居之，專掌祠事」，卷八十九，釋老，4527頁。

　　《析津志輯佚》言天師宮「在艮位鬼戶上」，〔註23〕位置在宮城東北，又云蓬萊坊在「天師宮前」，〔註24〕可知天師宮應在蓬萊坊內偏北的位置。蓬萊坊明季與其南保大坊合而為一，名保大坊，元代蓬萊坊的位置在今美術館後街以西、亮果廠胡同以北、東皇城根北大街以西、地安門東大街以南，天師庵即在這一地塊中。

　　《明宮史》云：「天師庵草場在皇城外東北角，正統間以張天師舊處改建，故名」，〔註25〕說明天師庵明正統間改為天師庵草場。根據張爵《京師五城坊巷胡同集》「保大坊」條下的記載，〔註26〕可以看出天師庵草廠與眉掠胡同及惠民藥局毗鄰。在《乾隆京城全圖》中尚可辨認出惠民藥局的位置，但眉掠胡同已不可考。從張爵對「保大坊」內建築與胡同的記載順序中不難發現，眉掠胡同在天師庵草廠北，眉掠胡同以北就是「安定門街西南」，〔註27〕草廠距皇牆北大街即今地安門東大街之間僅有一條胡同，可以確定元大都天師庵距今地安門東大街之間應為元代兩條胡同間的距離。

　　從今日北京的圖上可以量得，陽春胡同道路中線距地安門東大街道路中線 70 米，地安門東大街道路中線北至炒豆胡同中線的距離為 93 米。今日地安門東大街並非正東正西方向而是稍偏向東南，這是由於清代住宅侵街所致，元大都規劃時厚載紅門外大街應是正東正西方向，道路中線距今日陽春胡同中線的距離應為（70＋93）／2＝81.5 米，約合元之 52 步。按厚載紅門外大街寬 12 步計，厚載紅門外大街南緣距今陽春胡同北緣間的距離為 43 步，與元大都兩條胡同間距基本符合，說明今陽春胡同是元大都規劃之時確定的，應為元代天師庵基址範圍的北界，《京師五城坊巷胡同集》中的「眉掠胡同」很可能就在今陽春胡同的位置。

　　清代天師庵草場廢棄，在其舊址上改建諴親王府。從《乾隆京城全圖》可以看出，諴親王府基址範圍東至今美術館後街，西至今東皇城根北街，占滿保大坊地塊北部東西方向寬度，明代天師庵草廠的寬度亦應如此，由此可

〔註23〕　《析津志輯佚》，朝堂公宇，33 頁。
〔註24〕　《析津志輯佚》，城池街市，4 頁。
〔註25〕　《明宮史》，轉引自《燕都叢考》，北京古籍出版社，1994 年 7 月，第 2 編，第 2 章，192 頁。
〔註26〕　《京師五城坊巷胡同集》「保大坊」條下有「取燈胡同　惠民藥局　天師庵草廠　眉掠胡同　安定門街西南」，6 頁。
〔註27〕　《京師五城坊巷胡同集》，6 頁。

知元代天師庵基址的東、西邊界分別在今美術館後街與東皇城根北街的位置。誠親王府基址南界在惠民藥局北側的胡同，與惠民藥局毗鄰，說明明代天師庵草廠、元代天師庵的南界也都在這條胡同的位置。（圖 8.1，8.2）

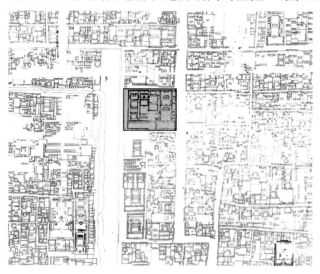

圖 8.1　《乾隆京城全圖》中誠親王府位置

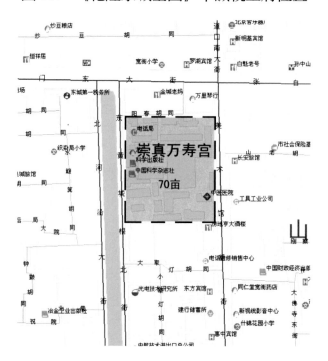

圖 8.2　崇真萬壽宮用地範圍

　　根據以上分析，可以確定元大都天師庵基址範圍四至爲：東至今美術館後街，南至《乾隆京城全圖》中惠民藥局北側的胡同，西至今東皇城根北街，北至今陽春胡同。從地圖上量得基址東西方向 192 米，約合元代 122 步，南北方向 218 米，約合元代 138 步，基址規模約爲 70 畝。在細化的大都城市平格網中，東西、南北方向均占 11 格。

　　有元一代，玄教受到朝廷的扶持聲勢隆盛，朝廷主辦的齋醮儀式多在崇眞宮舉行。延祐七年（1320）英宗命張留孫修醮事，〔註28〕致有瑞鶴來翔，「步虛禮初日，飛神謁鈞天。時有五白鶴，飛飛繞香煙」。〔註29〕元代士人也常來崇眞宮吟詠遊賞，著名詩人張翥中秋曾來此賞月，「西風吹月出雲端，松柏流光繞石壇。上國山河天廣大，仙家樓觀夜高寒。似聞玉杵鳴玉兔，疑有瑤笙下翠鸞。只把酒杯供醉賞，不知零露滿金盤」。〔註30〕

（二）天師府

　　天師府位於皇城西北，明代改爲朝天宮。〔註31〕《帝京景物略》載：「天啓六年六月廿夜，朝天宮災……後天師府，旁近道房民屋，不炭不焦，罔所殃累」，〔註32〕《日下舊聞考》云：「（朝天）宮後向存舊殿三重，土人呼爲獅子府，蓋即元天師府也」，〔註33〕可知天師府在朝天宮的北部，僅存舊殿三重，明代朝天宮的規模可能較元代天師府有所拓展，將天師府東南的元代聖壽萬安寺部分舊址納入宮中。

　　今日北京西城區福綏境一帶胡同的名字與肌理，隱約地透露出這座明代宏偉壯麗的道教宮觀的蛛絲馬蹟。阜城門內大街以北有宮門口西岔與宮門口東岔兩條胡同，這兩條胡同北端與安平巷「丁」字相交，可以斷定安平巷應爲朝天宮基址的南界，宮門口東岔、西岔與安平巷交點連線的中心應爲朝天宮南大門的位置。安平巷以北有東廊下與西廊下兩條胡同，它們在朝天宮南大門兩側東西對稱，這兩條胡同應爲朝天宮東、西兩廊的位置。今日福綏境

〔註28〕　《元史》，卷 27，本紀第 27，英宗一，604 頁。
〔註29〕　倪瓚《崇眞萬壽宮張尊師醮壇瑞鶴》，《清閟閣集》，轉引自《人海詩區》，923 頁。
〔註30〕　張翥《崇眞萬壽宮中秋玩月》，《蛻庵集》，轉引自《人海詩區》，898 頁。
〔註31〕　《春明夢餘錄》：「朝天宮在皇城西北，元之天師府也」，轉引自《日下舊聞考》，卷 52，城市，837 頁。《京師五城坊巷胡同集》：「朝天宮 內有天師府道錄司習儀」，13 頁。
〔註32〕　《帝京景物略》，卷 4，西城內，185 頁。
〔註33〕　《日下舊聞考》，卷 52，城市，837 頁。

胡同與慶豐胡同距朝天宮南大門均為 156 米，推測朝天宮東、西廡兩側各有一跨院，福綏境胡同與慶豐胡同分別為朝天宮的東、西界至。朝天宮北部的胡同排列極不規則，朝天宮北垣的位置只能對照文獻記載與歷史地圖進行推斷。《城西訪古記・朝天宮記》載：

> 東廊下北口，往北為獅子府，往西為大玉皇閣，西口通西廊下，
> 中間南去折而西，通西廊下者，名小玉皇閣。大玉皇閣道北，有元
> 天觀，觀後一帶皆荒原。〔註34〕

由此可見，東廊下北口並非朝天宮基址北界，北口以北有元代天師府的「舊殿三重」，此外還有大玉皇閣與元天觀等建築。《乾隆京城全圖》中朝天宮北部區域漫漶不清，但尚可辨認出朝天宮軸線北部有一組三重院落構成的建築群，應為元天觀的位置。東廊下胡同正對的一組帶有廊廡的建築群，北部圖像無法辨認，僅能看到中軸線上兩座三間的殿堂，推測此即元代天師府的建築遺存，朝天宮基址北界應在天師府三重舊殿以北的位置。（圖 8.3）

圖 8.3 《乾隆京城全圖》中元代天師府之三重舊殿

〔註34〕《城西訪古記》，轉引自《燕都叢考》，第 2 編，第 5 章，365 頁。

　　據此，我們可以確定明代朝天宮的基址範圍：南至今安平巷，東至今慶豐胡同，西至今福綏境胡同，北至《乾隆京城全圖》中「舊殿三重」以北的位置。在地圖上量得，基址東西方向長度爲 312 米，約合元之 198 步，南北方向長度約爲 490 米，約合元之 311 步，基址規模約爲 256 元畝。元代天師府的位置在明代朝天宮北部，從地圖上觀察，天師府基址南界可能在今大玉胡同一線，東廊下胡同可能爲元代天師府中軸線位置。元代天師府基址北界應在《乾隆京城全圖》中三重舊殿之北，設其與和義門內大街的距離爲一條胡同的寬度，並以明代朝天宮東牆位置即慶豐胡同南北一線作爲天師府基址東界，則元天師府的基址規模約爲 38 畝。(圖 8.4)

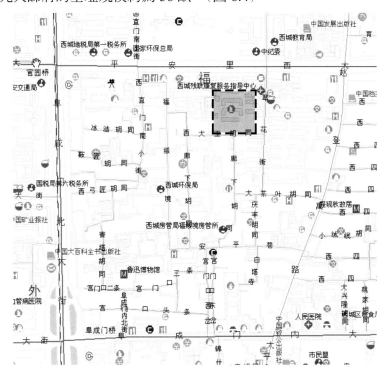

圖 8.4　天師府用地範圍

(三) 西太乙宮

　　西太乙宮在今西直門內大街以北，是大都城內另一座玄教宮觀。《析津志》載：「在和義門內近北，張秋泉所建……初，在天師宮放逸自居，懷孟太后有疾，求醫藥符籙之士於朝，遂諷於吳宗師。師令其應旨而往，符藥俱驗，果能闡揚，大稱懿旨。厥後恰逢九五之祚，一時向仰，非復尋常眞人之比。故

其所建宮宇，計年而成，其施助不言而至源源。宮正殿正西祠張上卿、吳宗師。實開山之主也。」〔註35〕

（四）都城隍廟

《元一統志》：「都城隍廟在大都城西南隅順承門裏，向西，國朝所創建，有碑。」〔註36〕虞集《大都城隍廟》碑云：

> （至元）七年，太保劉秉忠、大都留守臣段貞、侍儀奉御臣呼圖克斯、禮部侍郎臣趙秉溫言：大都城既成，宜有明神主之，請立城隍廟。上然之。命擇地建廟，如其言。得吉兆於城西南隅，建城隍之廟，設像而祠之，封曰祐聖王，以道士段志祥築宮其旁世守護之。至於百官庶人水旱疾病之禱莫不宗禮之。〔註37〕

都城隍廟又名祐聖王廟，〔註38〕始建於至元七年（1270），位置在大都城西南隅，屬元之金城坊，明、清兩代在元大都城隍廟舊址多次修建。《順天府志》云：「都城隍廟，在城隍廟街北，元遺址也」，〔註39〕城隍廟街即今復興門內成方街，南距復興門內大街123米，約合元之78步。復興門內大街即元大都南城牆的位置，而元大都城隍廟南有「東西二感聖廟」，〔註40〕可以推斷元代都城隍廟應在今成方街以北的位置，東、西二感聖廟在今成方街與復興門內大街之間的地塊中。

從《乾隆京城全圖》中可以看出，清代城隍廟基址南至今日北京成方街，北至今學院小街。今學院小街距復興門內大街的距離為 544 米，合元之 345步，今學院小街落在大都城市平格網的東西網格線上，屬元代已有的胡同，由此可以確定元大都城隍廟的北界在今學院小街的位置。今學院小街以南、成方街以北、太平橋大街以西、清代城隍廟以東的地塊中有兩條東西方向的胡同，都落在大都城市平格網東西網格線上，說明這兩條胡同為元代的胡同，元代城隍廟基址東界應在這兩條胡同西口的位置。（圖8.5，8.6）

〔註35〕《析津志輯佚》，寺觀，93～94 頁。
〔註36〕《元一統志》，引自《日下舊聞考》，卷五十，城市，792 頁。
〔註37〕虞集《大都城隍廟碑》，《道園學古錄》，卷 23，四庫全書本，1207 冊，335頁。
〔註38〕《春明夢餘錄》：「元祐聖王靈應廟即今都城隍廟，在城西刑部街」，轉引自《日下舊聞考》，卷 50，城市，792 頁。
〔註39〕《順天府志》，轉引自《燕都叢考》，第 2 編，第 3 章，277 頁。
〔註40〕《析津志輯佚》：「東西二感聖廟 在京都城隍廟南，泥像」，祠廟儀祭，59 頁。

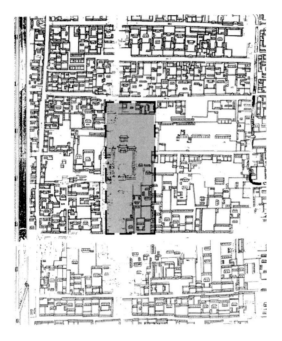

圖 8.5　《乾隆京城全圖》中城隍廟

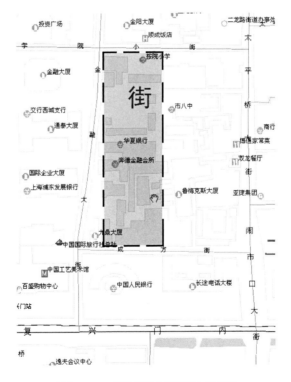

圖 8.6　都城隍廟用地範圍

由此可見，元大都城隍廟基址範圍南至今成方街，北至今學院小街，西至今金融大街，東至《乾隆京城全圖》這一地塊中兩條東西向胡同西口的位置，與明清北京城隍廟基址規模相同。學院小街南緣至成方街北緣的距離爲 382 米，約合元之 243 步，但今日成方街寬 17 米，超過元代胡同 6 步的寬度，是後來街道拓寬的結果，元代城隍廟南北方向長度可能爲 244 步，基址南北邊界都落在大都城市平格網東西網格線上。東西方向長度爲 139 米，約合元之 88 步，基址東西邊界亦與平格網線重合。元大都城隍廟基址規模約爲 89 畝。

（五）感聖廟

《析津志輯佚》云東、西二感聖廟「在京都城隍廟南」〔註41〕，根據前文的分析，其位置應在今鬧市口大街以西、復興門內大街以北、金融大街以東、成方街以南的地塊中。復興門內大街清代爲刑部街，明代爲曲子胡同，從《乾隆京城全圖》可以看到，街北另有一條臥佛寺街。臥佛寺即明代鷲峰寺，清人因寺後殿中供奉一尊臥佛而俗稱臥佛寺，張爵《京師五城坊巷胡同集》「金城坊」條下有「鷲峰寺街」之名，〔註42〕其位置應即清代臥佛寺街。在《乾隆京城全圖》中量得臥佛寺街北緣距今成方街南緣爲 132 米，約合元之 84 步，落在大都細化的城市平格網東西網線上，且臥佛寺街橫貫金城坊東西，應爲元代的胡同。臥佛寺街距城隍廟街 84 步，遠逾元代兩條胡同標準間距 44 步，可能由於其間容納兩座感應廟的緣故，推測元代感應廟基址南北方向占滿這兩條街道間的距離，爲 84 步。從周圍的街道胡同分佈來看，兩座感應廟應自北門入，基址的東西方向寬度應小於南北方向長度。若基址寬度亦按 84 步計，基址規模約爲 29 畝，可見兩座感應廟的基址規模均在 29 畝以內。

（六）武安王廟

武安王廟俗稱關王廟，大都南、北二城約有二十處。大都城內可以確定位置的武安王廟共三處，《析津志》記載了有碑刻記錄的兩處武安王廟的位置：

> 一在北城羊市角北街西，有碑二，記其靈著。一在太醫院前，
> 揭曼碩有記。〔註43〕

大都北城羊市角在順承門內大街與平則門內大街交口，即今西四牌樓的位

〔註41〕《析津志輯佚》，祠廟，59 頁。

〔註42〕《京師五城坊巷胡同集》，12 頁。

〔註43〕《析津志輯佚》，祠廟，57 頁。

置，羊市角北街即今西四北大街。北城內一處武安王廟在羊市角北街西，
即今西四北大街以西、阜城門內大街以北的地塊中，元時屬鳴玉坊。今日
北京這一地塊內的胡同排列較為規則，除阜城門內大街至西四北頭條以及
西四北二條至三條間突破了元大都兩條胡同的標準間距外，其餘的相鄰兩
條胡同間的距離均為 78 米，合元代 50 步，說明這一地塊內的胡同都是元
代形成的。

　　張爵《京師五城坊巷胡同集》「鳴玉坊」三牌十四鋪下記「驢肉胡同、關
王廟、西帥府胡同、箔子胡同」，〔註44〕驢肉胡同、西帥府胡同、箔子胡同分
別為今日的西四北頭條、二條、三條胡同，關王廟應在西四北頭條至三條的
地塊中。今阜城門內大街至西四北頭條胡同間距離為 192 米，約合元之 122
步，元代時其間有廣濟、保安二寺。〔註45〕西四北二條與西四北三條間距離
為 156 米，約合元之 100 步，兩條胡同間有小絨線胡同，與兩條胡同的間距
均為 78 米，可知小絨線胡同亦屬元代形成。小絨線胡同東段斷裂，說明元時
其東側有規模較大的建築群，武安王廟可能就在此處。《日下舊聞考》云：「關
帝廟在西四牌樓宣武街西，額曰雙關帝廟，蓋兩像並祀也。廟內有元李用、
吳律二碣」，〔註46〕雙關帝廟今日尚存，在西四北二條東段北側，廟內兩塊元
碑分別立於泰定元年（1324）與泰定三年（1326）。吳律《關帝廟碑》載：

　　　　都城西舊有廟，毀久弗修。泰定乙丑十月朔，宣政院使臣瑪勒

　　　圖採輿論以上聞。遂出內帑錢一萬貫，命即故基作興之……不兩月

　　　廟貌像設煥然一新。〔註47〕

由此可見，今日的雙關帝廟元時已存，即《析津志》所載羊市角北街西側的
武安王廟。廟始建年代不祥，泰定二年（1325）在其故基上重建武安王廟，
並一直為明清兩代沿用。元代武安王廟基址南北方向的長度即今西四北二條
與三條間距 156 米，約為 100 步。從《乾隆京城全圖》量得清代雙關帝廟基
址的東西寬度為 104 米，約合元之 66 步，雙關帝廟西牆位置恰在元大都細化
城市平格網的網格線上，元代武安王廟基址西界亦當在此。（圖 8.7，8.8）去
掉胡同的寬度，武安王廟基址東西 66 步，南北 94 步，基址規模約 26 畝。

〔註44〕　《京師五城坊巷胡同集》，11～12 頁。

〔註45〕　參見第七章第 3 節，第 5 節。

〔註46〕　《日下舊聞考》，卷 52，城市，831 頁。

〔註47〕　吳律《關帝廟碑》，轉引自《日下舊聞考》，卷 52，城市，831 頁。

圖 8.7 《乾隆京城全圖》中雙關帝廟

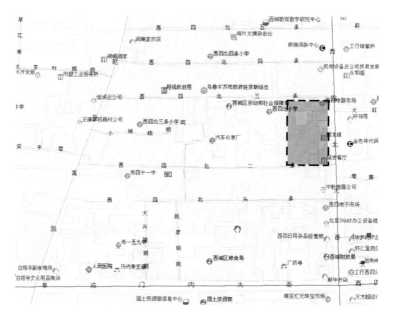

圖 8.8 今日北京地圖中元代武安王廟位置

　　清人吳長元在《宸垣識略》中記載：「護國關帝廟俗呼鴨子廟，在北鬧市口北太平橋，元天曆二年建」，「關帝廟在都城隍廟西」，〔註48〕可知元代都城隍廟西有一座建於元天曆二年（1329）的武安王廟，並一直沿用至清代。《乾隆京城全圖》中繪有護國關帝廟，在今金融街路西上海浦發銀行的位置，從圖上量得護國關帝廟基址東西方向 70 米，南北方向 118 米。（圖 8.9）元天曆二年所建武安王廟基址規模可能與清代護國關帝廟一致，〔註49〕基址東西約 44 步，南北約 75 步，基址規模約 13.75 畝。

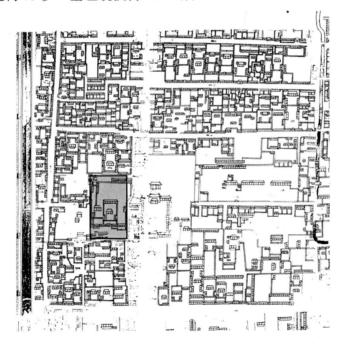

圖 8.9　《乾隆京城全圖》中城隍廟西護國關帝廟

　　元大都北城太醫院前另有一處武安王廟。《元一統志》謂仁壽坊「地近御藥院，取仁者壽之義以名」，〔註50〕御藥院即太醫院，位置在仁壽坊內。太醫院前的武安王廟亦在仁壽坊，但具體位置已不可考。此外，樞密院內亦設有武安王廟，《元史・祭祀志》載：

　　　　武成王立廟於樞密院公堂之西，以孫武子、張良、管仲、樂毅、

〔註48〕《宸垣識略》，卷七，內城三，138 頁。
〔註49〕清代護國關帝廟以西至西城牆的地塊，元代為軍鐵庫的位置，元代武安王廟基址東西邊界應與清代護國關帝廟一致，南北邊界是否一致尚無法確定。
〔註50〕《元一統志》，卷 1，8 頁。

　　諸葛亮以下十人從祀。每歲春秋仲月上戊，以羊一、豕一、犧尊、

象尊、籩、豆、俎、爵，樞密院遣官，行三獻禮。〔註51〕

樞密院內的武安王廟位於公堂之西，可能僅爲一殿。因樞密院掌天下軍政，故設武安王廟，樞密院官員每年春秋仲月均前往祭祀。

（七）梓潼帝君廟

　　《析津志》謂梓潼帝君廟「在都城湛露坊北，過橋東南，面北，祖廟也。」〔註52〕從這段記載可以看出，梓潼帝君廟在湛露坊北部臨河的位置，西北方向有一座橋。《析津志》中無「湛露坊」之名，《元一統志》謂湛露坊「按毛詩湛露爲錫宴群臣沾恩如湛露，坊近官酒庫，取此義以名」，〔註53〕可知湛露坊爲元初虞集所立，元末已改作它名，位置在官酒庫附近。

　　官酒庫的位置史籍闕載，唯《元史・百官志》中提到大都尚醞局「掌醞造諸王百官酒醴」，並於中統四年（1263）「立御酒庫」。〔註54〕大都尚醞局屬光祿寺，而《析津志・河閘橋樑》云通明橋「在光祿寺西，俗名酒坊橋」，〔註55〕可以確定御酒庫應在光祿寺附近。光祿寺的位置，文獻所見僅《析津志》中一語：

　　　　南薰坊　光祿寺東。〔註56〕

「南薰坊」之名僅見於《析津志》，當爲元末稱謂。張爵《京師五城坊巷胡同集》「中城」條下有「南薰坊」，在「正陽門裏，順城牆往東至崇文門大街，北至長安大街」，〔註57〕從坊內胡同名稱來看，明代南薰坊地塊呈「T」字型，包括南、北兩部分，南側部分在今崇文門內大街以西，前門東大街、崇文門西大街以北，東長安街以南，前門至天安門一線以東的位置，北側部分在今王府井大街以西，東長安街以北，東黃城根南街、晨光街以東，燈市口西街以南的位置，其中南側部分元代在大都城外，元代南薰坊的位置應即明代南薰坊北側部分。元代光祿寺在這一地塊內偏西的位置，御酒庫在光祿寺附近，湛露坊因近御酒庫得名，而南薰坊周圍的澄清坊、保大坊元初即設，終元之

〔註51〕《元史》，卷76，志第二十七，祭祀五，武成王，1903頁。
〔註52〕《析津志輯佚》，祠廟，56頁。
〔註53〕《元一統志》，卷1，8頁。
〔註54〕《元史》，卷87，志第37，百官三，2201頁。
〔註55〕《析津志輯佚》，河閘橋樑，97頁。
〔註56〕《析津志輯佚》，城池街市，4頁。
〔註57〕《京師五城坊巷胡同集》，5頁。

世坊界不變,可證湛露坊的位置應與南薰坊一致,元末湛露坊更名爲南薰坊。

《析津志‧河閘橋樑》謂「蓬萊坊西水自樞密橋下南薰橋、流化橋,出南水門外,入哈達門南文明橋下」。〔註58〕樞密院在保大坊南部,與東華門隔通惠河相望。通惠河上有朝陽橋,因地近樞密院,又稱樞密院橋。〔註59〕通明橋在光祿寺西,位置應在樞密院橋南,而流化橋在「南水門內」,〔註60〕亦稱雲集橋,則通明橋很可能即南薰橋,因地近南薰坊,故又稱作南薰橋。梓潼帝君廟在湛露坊北臨河,廟西北的橋即通明橋。

蒙古族尚酒,宮廷和官府的宴會必飲馬奶酒,皇帝賞賜群臣常用葡萄酒。「學士院官傳賜宴,黃羊渾酒滿車來」,〔註61〕是宮廷豪飲的眞實寫照。元廷對酒的需求量大品繁,御酒庫負責諸王百官酒醴,應在進出大內較爲近便的位置。今日東安門大街在元大都皇城南牆東西一線,若御酒庫在今東安門大街以南,進出皇城則需繞至崇天門外,甚爲不便,故御酒庫位置應在今東安門大街以北,即元大都皇城東南角以北的位置,過通明橋由紅門即入皇城。(圖 8.10)

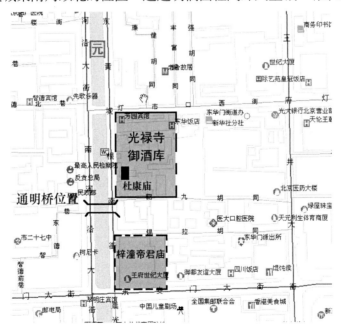

圖 8.10　梓潼帝君廟、杜康廟、御酒庫位置

〔註58〕《析津志輯佚》,河閘橋樑,95 頁。
〔註59〕參見第 5 章第 1 節。
〔註60〕《析津志輯佚》:「雲集橋 在南水門內,碑刻流化橋,有碑」,河閘橋樑,98 頁。
〔註61〕張昱《輦下曲》,《可閒老人集》,卷 2,四庫本,1222 冊,542 頁。

今東安門大街以北至燈市口西街間有兩條東西向的胡同，即韶九胡同與錫拉胡同，兩條胡同間距為 66 米，約合元之 42 步，小於元大都兩條胡同標準間距 50 步，元大都金水河與通惠河的交接處即在這兩條胡同間。樞密院橋在今燈市口西街西口附近，通明橋在樞密院橋南，正對皇城紅門，位置應亦在韶九胡同與錫拉胡同間。御酒庫與梓潼帝君廟南北方向長度均應突破 50 步的限制，當在韶九胡同以北與錫拉胡同以南的位置。梓潼帝君廟在通明橋東南，位置應在錫拉胡同以南，由皇城紅門過通明橋自北門進入廟中，與《析津志》中「面北」的記載吻合。御酒庫在今韶九胡同以北、燈市口西街以南，韶九胡同明代稱燒酒胡同，當因御酒庫而得名。

根據以上推斷，可以確定梓潼帝君廟在今東安門大街以北，錫拉胡同以南，東黃城根以東的位置，南北方向的長度為 110 米，約合元代 70 步，東西方向寬度應小於南北方向長度，若按 70 步計基址規模約 20 畝，可見梓潼帝君廟的基址規模不足 20 畝。

（八）杜康廟

《析津志輯佚》云杜康廟「在北城光祿寺內。居西偏，內有天師宮。奉禮部撥發道士一人，在內提點看經，專一焚修香火。蓋為釀造御酒，每日於上位玉押槽內支酒一瓶，以供杜康」〔註62〕，位置在光祿寺內偏西，臨近御酒庫，在今韶九胡同以北、燈市口西街以南的地塊中。廟內供奉杜康，專為釀酒，規模應僅一殿而已。（圖 8.10）

（九）蕭何廟

蕭何廟在「北省之西垣」，〔註63〕元末廢毀。北省即中書北省，亦稱舊省，位於皇城北面的鳳池坊北。〔註64〕據《析津志》記載，元代鐘樓的位置在「京師北省東」，〔註65〕可知京師北省在元代鐘樓西側，即今舊鼓樓大街以西的位置。《元一統志》云鳳池坊「地近海子，在舊省前，取鳳凰池之義以名」，〔註66〕《析津志》言其「在斜街北」，〔註67〕鳳池坊位置應在今德勝門東大街以

〔註62〕《析津志輯佚》，祠廟，54 頁。
〔註63〕《析津志輯佚》，祠廟，59 頁。
〔註64〕《析津志輯佚》：「始於新都鳳池坊北立中書省」，朝堂公宇，8 頁。
〔註65〕《析津志輯佚》，古蹟，108 頁。
〔註66〕《元一統志》，卷 1，6 頁。
〔註67〕《析津志輯佚》，城池街市，3 頁。

南，舊鼓樓大街以西，鼓樓西大街以北，京師北省在鳳池坊東北臨近鐘樓的位置。從今日北京的圖上量得，舊鼓樓大街以西的西條胡同與大石橋胡同的間距爲 160 米，約合元之 102 步，接近元代標準胡同間距的 2 倍，西條胡同與北側德勝門東大街的距離以及大石橋胡同與南側小石橋胡同的距離都爲 79 米，約合元代的 50 步。西條胡同東側胡同排列雜亂，應爲元代中書北省的位置。據此，可以確定元代北中書省的基址四至爲：東至今舊鼓樓大街，南至今大石橋胡同，西至西緣胡同南北一線，北至德勝門東大街。今日西緣胡同可能因在北省基址的西緣而得名。蕭何廟在「北省之西垣」，其南北方向長度可能突破 50 步的限制，基址範圍北抵西條胡同，東至西緣胡同，南至大石橋胡同，西至果家大院胡同。（圖 8.11）基址南北方向約 96 步，東西方向約 68 步，基址規模約爲 27 畝。

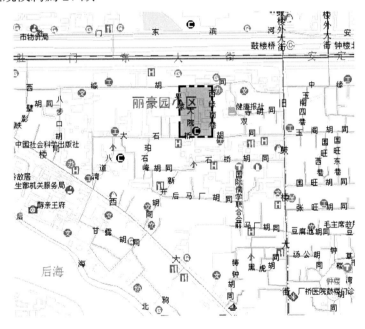

圖 8.11　蕭何廟用地範圍

（十）火德真君廟

建於唐貞觀年間，元至正六年（1346）重修〔註68〕，明清沿用。《帝京景

〔註68〕火德眞君廟一說爲元建，如朱彝尊。《日下舊聞考》引《天府廣記》認爲廟建於唐貞觀年間，指出「朱彝尊節錄省文，遂訛作至正年建耳」，卷五十四，城市，873 頁，本文亦採用這一說法。

物略》：「北城日中坊火德眞君廟，唐貞觀中址，元至正六年修也」，〔註69〕《乾隆京城全圖》中繪有此廟，改稱火神廟，位置在日中坊海子橋西北，即今地安門外大街 77 號。清乾隆時期火神廟的規模很小，僅有三進院落。（圖 8.12）元代火德眞君廟的規模可能稍大，若占滿前海東沿東岸至地安門外大街之間的地塊，基址規模約 12 畝。火德眞君廟是文獻所見元代唯一重修的前代道觀，位於元大都中軸線旁的重要位置，應與蒙古習俗中火神崇拜有關。〔註70〕

圖 8.12　《乾隆京城全圖》中火神廟位置

（十一）太和宮

《析津志》云太和宮「在天師宮北，去關王廟義井頭東第二巷內。本宮提點彭大年所建，有危素所撰碑」，〔註71〕根據考古發掘報告，太和宮在今東四北大街以西，張自忠路以北，交道口南大街以東，交道口東大街以南的地塊中，屬元之仁壽坊，明代爲紀念文天祥將坊名改爲教忠坊。《萬曆沈志》載：

〔註69〕 《帝京景物略》，卷1，城北內外，火神廟，41 頁。
〔註70〕 蒙古人認爲火可以驅邪淨身，使臣在晉見蒙古可汗、諸王前，須從兩火之間通過，以潔其身。蒙古人對火有很多禁忌，如嚴禁從火上跨越，禁止以刀觸火，也不能讓火爐中的火熄滅等等，參見《多桑蒙古史》；胡其德《十二三世紀蒙古族的宗教信仰》，《禮俗與宗教》，303～305 頁。
〔註71〕 《析津志輯佚》，寺觀，93 頁。

洪武初，以元太和觀地爲大興縣學，國子監爲府學。永樂中，
以府學爲國子監，（因）以大興縣學爲府學。〔註72〕

《春明夢餘錄》載順天府學的來歷：

順天府儒學，在城東北國學之南。洪武中，以元國學爲北平府
學。永樂定鼎，仍爲國學。改報恩寺爲順天府學。初有僧遊湘潭，
募造報恩寺，尚未安像。明師下燕，戒士卒毋得入孔聖廟。僧倉皇
借宣聖木主置殿中，後不敢去，遂以爲學。其地，元之柴市也，文
文山授命焉。東有祠，西有館，曰教忠，再西有坊，曰育賢。〔註73〕

兩段記載對照可知，元代太和觀即明代順天府學的位置。元末太和觀廢毀，
有僧在其舊址募造報恩寺，業已修峻，尚未立佛像，明軍即已攻破大都城。
明軍規定士卒不得闖入孔廟，此僧倉促間在殿中立孔子像，所建殿宇遂得以
保全，成爲後來的順天府學。

《乾隆京城全圖》中繪有順天府學，位置在府學胡同以北，交道口南大街
以東，細管胡同以南，府學東垣距今文丞相胡同尚有一段距離。（圖 8.13，8.14）
元大都太和宮的用地範圍與明清順天府學同，從地圖上量得，基址東西 106 米，
約合元之 67 步，南北 144 米，約合 91 步，太和宮的基址規模約爲 25 畝。

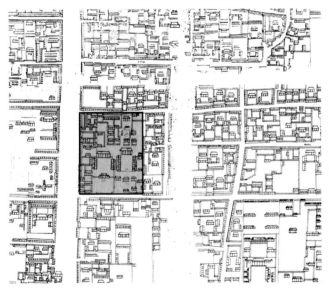

圖 8.13　《乾隆京城全圖》中順天府學

〔註72〕《萬曆沈志》，轉引自《燕都叢考》，第 2 編，第 4 章，295 頁。
〔註73〕《春明夢餘錄》，卷五十五，府學，1119 頁。

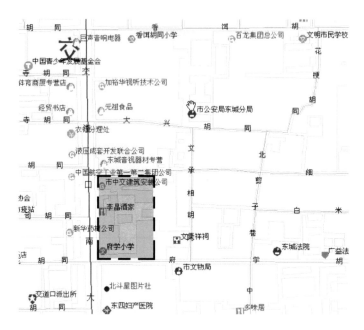

圖 8.14　今日北京地圖中太和宮位置

（十二）靜真觀

《析津志》:「在廣濟寺西」，〔註74〕位置應在今阜城門內大街與西四北頭條之間。基址南北長度為 107 步，東西寬度應小於南北方向的長度，設為 66 步，基址規模約為 29 畝。

（十三）丹陽觀

《析津志》云觀「在周橋西南，趙汲古宅之西北也」，〔註75〕屬元之萬寶坊，位置在今中山公園附近。

（十四）十方洞陽觀

十方洞陽觀「在大都思誠坊，北去轉東。乃長春宮下觀」。〔註 76〕根據張爵《京師五城坊巷胡同集》的記載，明代「思誠坊」的位置在今朝陽門南、北大街以西，禮士胡同、南竹竿胡同以北，東四南、北大街以西，東四六條北折東四十條以南的位置，元大都思誠坊坊界當與明代一致，十方洞陽觀即在這一地塊中，但具體位置不得可知。十方洞陽觀為長春宮下觀，屬全真教道觀。

〔註74〕　《析津志輯佚》，寺觀，90 頁。
〔註75〕　《析津志輯佚》，寺觀，87 頁。
〔註76〕　《析津志輯佚》，寺觀，89 頁。

（十五）福壽興元觀

福壽興元觀建於延祐三年（1316），考古發掘業已探明其位置在今樺皮廠胡同北口東側的明代北城基下，發現了大殿前的夾杆石、聖旨白話碑等石刻。〔註77〕福壽興元觀屬全真教道觀，不見於文獻記載，基址規模應不大。

8.1.3 元大都城外的道教建築

元大都城外道教建築眾多，但具體位置多難確定。下面將元大都城外道教建築分為玄教、全真教、真大教與大道教、太一教以及民間信仰道觀五類，分別予以介紹。

（一）玄教道觀

東嶽廟 東嶽信仰自古有之，自秦始皇泰山封禪起，東嶽大帝歷代屢受褒封。宋大中祥符元年（1008），天書降於泰山，宋真宗前往泰山封禪，封泰山神為「天齊仁聖王」，大中祥符四年（1011）復進封「東嶽天齊仁聖帝」，詔命各地郡邑皆設東嶽廟。元代統一宇內後，仍前代之舊，於至元二十八年（1291）加封泰山神「天齊大生仁聖帝」，命郡縣「並如金宋時，有廟以祭東嶽」。〔註78〕

大都地區東嶽廟共有四處，其中三處為遼金時期創建，元代所建的東嶽廟在大都「齊化門外二里許」，〔註79〕由玄教大宗師張留孫與其弟子吳全節於仁宗延祐年間買地創建，此後明、清兩代歷有擴建，並一直保存至今。吳澄《大都東嶽仁聖宮碑》云：

> 玄教大真人張開府留孫職掌禱祠，晨夕親密，欽承上意，買地城東，擬建東嶽廟……方將涓及鳩工，而開府遂厭世，嗣真人吳特進全節深念師志未畢，竭心經營，不惜勞費，於壬戌春成大殿，成大門，於癸亥春成四子殿，成東西廡，諸神像各如其序。魯國大長公主捐資構後寢，敕賜廟額曰仁聖宮。〔註80〕

〔註77〕《元大都的勘查和發掘》，《考古》，1972 年第 1 期，25 頁。
〔註78〕吳澄《大都東嶽仁聖宮碑》，《吳文正公集》，卷 26，轉引自《道家金石略》，917 頁。
〔註79〕《析津志輯佚》，祠廟儀祭，54 頁。
〔註80〕《大都東嶽仁聖宮碑》，《吳文正公集》，卷 26，轉引自《道家金石略》，918 頁。

從這段記載可以看出，東嶽廟尙未開工之時張留孫即已去世，東嶽廟的建設工作實際是由嗣宗師吳全節主持的。至治二年（1322）建成大殿與正門，至治三年（1323）建成四座配殿與東西廊廡，朝廷賜額仁聖宮。泰定二年（1325），魯國大長公主出資建造後寢殿，〔註81〕天曆元年（1328）文宗爲寢殿賜名昭德殿。〔註82〕

（二）全眞教道觀

丘處機自西域雪山返回燕京居長春宮後，燕京一時成爲天下道教中心，他的許多弟子在長春宮附近建造道觀。根據《析津志》、《元一統志》、《順天府志》對大都南城道教宮觀的記載可以看出，南城宮觀多屬全眞派，建造時間多在大蒙古國時期。茲舉數例如下：

固本觀 李守徵建。《元一統志》：「固本觀，創於清眞道人李煉師守徵者，始自癸卯歲（疑爲癸未，1223），得地中都開遠坊，後請名於長春大宗師，曰固本。」〔註83〕《順天府志》引《析津志》：「在長春宮之南，又云在南城開遠坊。」〔註84〕

清逸觀 潘德沖建。《大都清逸觀碑》：「長春既居燕，士庶之託跡、四方道侶之來皈依者，不啻千數。宮中爲之嗔咽。公曰：『吾師之言不可忘也。』乃擇勝地以爲長春別館。壬辰歲（1232），廣陽坊居民有貨其居者，公往相焉，曰土厚木茂，清幽之氣蔚然，眞道宮也。遂捐資以貿之。建正殿，翼左右二室，以居天尊。洎諸神像。講堂、齋庖、方丈、客僚，靡不有所，亦門人韓郭尹劉諸人善繼其志而後有成也。仍築琴臺於殿之陰，今朝有名琴二，曰春雷，曰玉珍，皆在承華殿。貞祐之變玉陣爲長春所得。命公蓄之。故以名其臺。而又葺蔬圃以供歲計。植花木爲遊觀之所。觀成之日，實城西南之冠。求額於清和眞人，故以清逸名之。」〔註85〕

長生觀 宋道安建。《順天府志》：「長生觀長春丘仙翁門弟崇德宋眞人所

〔註81〕 虞集《東嶽仁聖宮碑》：「泰定乙丑，魯國大長公主自京師歸其食邑之全寧，道出東門，有禱於大生帝，出私錢鉅萬，俾作神寢」，《道園學古錄》，卷23，轉引自《道家金石略》，929頁。

〔註82〕 《東嶽仁聖宮碑》，《道園學古錄》，卷23，轉引自《道家金石略》，929頁。

〔註83〕 轉引自《順天府志》，卷八，96頁。

〔註84〕 《順天府志》，卷八，96頁。

〔註85〕 （元）李道謙《甘水仙源錄》，卷十，《大都清逸觀碑》，清鈔本，四庫全書存目全書，子部259，539～540頁，齊魯書社，1995年。

創建。在舊都豐宜關，有崇德祠堂記。」〔註86〕《析津志》云「在豐宜門。」〔註87〕

　　清都觀　宋德方建。《順天府志》：「清都觀，定庵老人吳章記，辛卯年四月立石。提點長春宮大師宋德方得紫微之故地，立混元像於中，名其觀曰清都」。〔註88〕《析津志》云「廟在太廟寺之西」。〔註89〕辛卯年為1231年，當為道觀建成時間。

　　洞神觀　王志明建。《順天府志》云觀「在舊城」，「葆光大師谷神子所創建也」。〔註90〕

　　此外，還有王慧舒建於西永平坊之靜遠觀，何志邈建於康樂坊之興眞觀，何守夷建於奉先坊之清眞觀，李志方建於廣陽坊之眞元觀，霍志榮建於春臺坊之崇元觀，陳慧瑞建於廣源坊之玉華觀，梁慧眞建於開遠坊之玉眞觀，陳守玄建於美俗坊之沖微觀，夏宗道建於開遠坊之玄禧觀，孟道宣建於金廢宮北闉之十方昭明觀，馬天麟建於甘泉坊之玉清觀，等等。〔註91〕這些道觀建造時間皆在丘處機居長春宮至尹志平、李志常嗣教之間。

（三）真大教與大道教道觀

　　史籍所見元大都眞大教與大道教道觀僅南城春臺坊的天寶宮與仙露坊的玉虛宮。《元一統志》載：「初太玄之主法席也，歲在丁亥，沖虛高弟劉希祥等市燕故都開陽里廢宅為焚修之所，為殿為門，像設儼然，闢道院以棲雲眾，正函文以尊師席。至元八年通玄於琳宇之左創立殿五楹，金壁輝煌，高出霄漢，而又建層壇於中央，敞三門於離位。十年敕賜宮額曰天寶」。〔註92〕天寶宮始創於1227年，道人劉希祥在開陽里廢宅的基址上創建，至元八年（1271）又進行增建，至元十年（1273）賜名天寶宮。

　　玉虛觀的始建年代史料乏載，從觀中有金泰和八年（1208）尚書龐鑄所

〔註86〕《順天府志》，卷八，99頁。按《金蓮正宗仙源像傳》載，至大三年，宋道安被追封為「圓明普照崇德眞人」，故「崇德宋眞人」當為宋道安。
〔註87〕《析津志輯佚》，寺觀，89頁。
〔註88〕《順天府志》，卷8，97～98頁。
〔註89〕《析津志輯佚》，寺觀，89頁。
〔註90〕《順天府志》，卷8，89頁。
〔註91〕參見《順天府志》卷8；《析津志輯佚》，寺觀；卿希泰《中國道教史》，第3卷，第9章，四川人民出版社，1996年。
〔註92〕《元一統志》，卷1，43頁。

撰「重修玉虛觀三清殿記」之碑判斷，〔註93〕玉虛觀始建年代應早於金泰和八年（1208）。據《玉虛宮大道教祖師傳授之碑》稱，大道教四祖毛希琮丁亥年（1227）重修玉虛觀，第二年戊子（1228）五祖李希安「修葺琳宇，妝嚴聖像，煥然一新」。〔註94〕玉虛觀位於南城仙露坊，是大道教首腦機構所在。

（四）太一教道觀

太一教自蕭居壽掌教後，首腦機構設在大都南城奉先坊太一廣福萬壽宮。《元史・釋老傳》：「至元十一年，建太一宮於兩京，命居壽居之」，〔註95〕俾爲皇室祈福，同時命蕭居壽兼承劉秉忠所傳之術，禋祀太一六丁神。

（五）民間信仰道觀

元大都城外有許多屬於民間信仰的道觀，它們大多分佈在南城，如南城施仁門內東南的鐵牛大力神廟，昊天寺北和齊化門外橋南的兩處白虎廟，彰義門內黑樓子街的武安王廟，陽春門東官窯場南的武安王廟，聖安寺東的清白神廟，金故宮西澤潭之西的舜帝廟，天寶宮前的樓桑大王廟，春臺坊的崔府君廟，宣耀門外的昆吾公廟，東城路北的白馬帝君廟，天寶宮西的三靈候廟，西山的靈應萬壽宮等等。〔註96〕這些道觀的修建時間與基址規模都無從考釋，只能根據文獻記載大致確定它們的位置。

8.1.4　元大都道教建築小結

根據以上分析，將元大都城內及城邊主要的道教建築修建時間、位置、基址規模等列表如8.1。

表8.1　元大都道教建築表

建築名稱	始建時間	所屬教派	所在坊名或位置	今日位置	基址規模（元畝）
崇眞萬壽宮	1278	玄教	蓬萊坊	美術館後街西	70
天師府		玄教	鳴玉坊	福綏境地區	38
西太乙宮		玄教	和義門內近北	西直門內大街以北	

〔註93〕 《元一統志》，卷1，46頁。
〔註94〕 《玉虛宮大道教祖師傳授之碑》，轉引自《中國道教史》，第3卷，244頁。
〔註95〕 《元史》，卷202，列傳第89，釋老傳，4530頁。
〔註96〕 參見《析津志輯佚》，祠廟儀祭，54～57頁；寺觀，87～94頁。

都城隍廟	1270	民間信仰	金城坊	復興門內成方街	89
感聖廟		民間信仰	金城坊	復興門大街北	29
武安王廟		民間信仰	鳴玉坊	西四北二條	26
			仁壽坊		
			南城彰義門內		
			南城陽春門東		
梓潼帝君廟		民間信仰	湛露坊（南薰坊）	東安門大街北	20
杜康廟		民間信仰	湛露坊（南薰坊）	韶九胡同北	很小
蕭何廟		民間信仰	鳳池坊	大石橋胡同北	27
火德眞君廟	唐建，1346重修	民間信仰	日中坊海子橋北	地安門外大街 77 號	12
太和宮			仁壽坊	府學胡同北	25
靜眞觀			鳴玉坊	阜城門內大街北	29
丹陽觀			萬寶坊	中山公園附近	
十方洞陽觀			思誠坊	朝陽門內禮士胡同北	
福壽興元觀	1316	全眞教	豫順坊	樺皮廠胡同北口東	
東嶽廟	1322	玄教	齊化門外	朝陽門外大街北	
			南城陽春門		
			南城長春宮東		
			南城太廟寺西		
長春宮		全眞教	南城開遠坊		
固本觀	1223	全眞教	南城開遠坊		
清逸觀	1232	全眞教	南城廣陽坊		
清都觀	1231	全眞教	南城太廟寺西		
長生觀		全眞教	南城豐宜關		
靜遠觀		全眞教	南城西永平坊		
興眞觀		全眞教	南城康樂坊		
天寶宮	1227	眞大道	南城春臺坊		
玉虛宮	1208 年前	大道教	南城仙露坊		
太一宮	1274	太一教	南城奉先坊		

鐵牛大力神廟		民間信仰	南城施仁門內		
白虎廟		民間信仰	南城昊天寺北		
			齊化門外橋南		
清白神廟		民間信仰	南城聖安寺東		
樓桑大王廟		民間信仰	南城聖安寺東		
崔府君廟		民間信仰	南城春臺坊		
三靈候廟		民間信仰	南城天寶宮西		
靈應萬壽宮			西山	北京西山	

虞集在《眞大道教第八代崇玄廣化眞人岳公之碑》中講道：

> 國朝之制，凡爲其教之師，必得在禁近，號其人曰眞人，給以
> 印章，得行丈書視官府。而眞大道教者，則制封無憂普濟開微洞明
> 眞君劉德仁之所立也。以弟子嗣守其業，治大都南城天寶宮。〔註97〕

由這段碑文可知，元廷命道教各派掌教所居「必得在禁近」，在大都地區爲各派修建宮觀，便於舉行齋醮儀式爲皇室祈福消災。另一方面，金元道教勢力的發展，不僅下層民眾中信徒眾多，而且一批官僚士人對當時道家者流「多能自異於流俗，而又以去惡復善之說以勸諸人」的濟世理想和行爲頗表推崇，道教在漢族社會上有很大影響，「一時州里田野各以其所近而從之，受其教戒者風靡水流」。〔註98〕元室將道教各派首領籠絡在身邊，也是收拾人心、鞏固廣大中原地區統治的需要。此外，元帝經常採納道教各派掌教的意見，甚至朝廷重要決策也命道教首領參加，在大都地區建造道教宮觀，便於及時諮問。有元一代，全眞教中樞機構長春宮設在南城開遠坊，眞大道中樞機構天寶宮設在南城春臺坊，大道教中樞機構玉虛宮設在南城仙露坊，太一教中樞機構太一宮設在南城奉先坊，玄教中樞機構崇眞萬壽宮設在大都皇城東北的蓬萊坊，都在「禁近」之地。

陳垣先生指出：「欲觀一教之盛衰，必觀其教堂之多寡，蓋教堂之數，恒與教徒之數爲比例。」〔註99〕從史料記載的大都地區道教宮觀數量來看，全

〔註97〕虞集《眞大道教第八代崇玄廣化眞人岳公之碑》，《道園學古錄》，卷50，四庫全書本，1207冊，691頁。
〔註98〕《眞大道教第八代崇玄廣化眞人岳公之碑》，《道園學古錄》，卷50，四庫全書本，1207冊，691頁。
〔註99〕陳垣《南宋初河北新道教考》，中華書局，1962年，102頁。

真教最多，其次是玄教宮觀，真大、大道、太一三教僅首腦機構設在大都，這與元代全真教、玄教長足發展，勢力遠在其餘教派之上的情況是一致的。南宋初興起的真大、大道、太一三教勢力較弱，尤以太一教力量最弱，元末太一教融入天師道，太一宮也改作玄教宮觀。

　　全真教在金元之際聲勢隆盛，而經過三次佛道辯論後元氣大傷盛極而衰，元廷對道教的扶持重點也由全真教轉向玄教，全真教與玄教勢力的消長在道教宮觀的分佈上也有所體現。大都地區的全真教道觀或建於大蒙古國時期，或是在遼金道觀基礎上重加修葺，元代新建的數量很少，其位置亦多在大都南城，大都新城內僅長春宮下院十方洞陽觀與福壽興元觀兩處。而玄教宮觀則全部建於元時期，位置多在大都新城內位置衝要之處，首腦機構崇真萬壽宮更是毗鄰大內，足見玄教榮寵之盛。

　　元大都地區的道觀多位於大都新城的西部與大都南城內，造成這一分佈特點的主要原因有三：第一，元大都城西居民較為集中，且品級大多較低，漢族居民較多，大都南城居民則全部為底層漢族民眾，同時，元大都城西酒樓茶肆密佈，商業繁榮，順承、平則二門成為兩城居民往來的通道，道觀中所佔比例最大的民間神祠即多設於這兩個地區，如都城隍廟、武安王廟、樓桑大王廟、三靈候廟等；第二，隆福、興聖二宮位於皇城內西偏，道教宮觀設在大都城西的位置距西內較近，便於皇室舉行齋醮活動；第三，元大都的水道主要位於城西，海子兩岸波光雲影商旅雲集，金水河畔御柳青青長堤如帶，優美的自然風景也是道觀選址於此的原因之一。其中，火德真君廟位於海子東岸，靠近大都城市中軸線，位置十分重要，當與蒙古族火神崇拜的信仰有關。

　　從道觀的基址規模看，大都城內道教建築的基址規模多在 30 畝以內，用地超過 50 的道觀僅都城隍廟與崇真萬壽宮兩處。都城隍廟乃劉秉忠建設大都之初親自選址，規制宏敞，位於大都西南隅順承門裏，恰在大都新城與南城往來交通的節點上，大都地區百官、庶人凡遇水旱疾病之災無不前往祈禱。城隍之神被尊封為祐聖王，城隍廟在大都城的社會生活中具有重要地位。崇真萬壽宮則屬玄教宮觀，毗鄰大內，地位顯赫。而大都城內其餘道觀多祭祀民間神祇，基址規模均不足 30 畝，規模最小的杜康廟建於光祿寺內，專為釀御酒而設，僅一座殿堂而已。從道觀的基址規模可以清楚地看出等級上的差異。

元大都城內道觀無論從數量上還是基址規模上都不足與佛寺同語，由此可以看出元廷將佛教置於他教之上的宗教政策。玄教雖頗受寵遇優禮，但仍不能與元室崇奉的藏傳佛教相抗衡，基址規模遠遜於敕建佛寺。《元史·釋老傳》謂：「維道家方士之流，假禱祠之說，乘時以起，曾不及其什一焉」，[註100]這從元大都城內佛寺、道觀的數量與基址規模的比較中可以明顯地看出來。

8.2 基督教建築

8.2.1 元大都地區基督教發展概況

據漢籍記載，基督教最早在唐代傳入中國。[註101] 當時傳入的教派是景教，因其創始人為聶思脫里（Nestorian，約 380～451 年），因而也被稱作聶思脫里教（Nestoriansm），又稱波斯教。[註102] 唐武宗會昌五年（845）下令滅佛，所有西來宗教亦被禁止，景教遂在中原地區銷聲匿跡，卻在中國西北與北方的某些部族中繼續傳播，如畏吾兒、克烈、乃蠻、汪古等部。

隨著成吉思汗的吞併戰爭與大蒙古國的建立，草原部落大多歸順並效力於蒙古帝國，信奉聶思脫里教的部民開始到中國內地定居，再次將景教帶入中原地區。同時，蒙古西征擄回的戰俘、工匠等人中，很多是來自西亞、東歐的天主教徒，他們散居在中國各處，天主教開始在華傳播。成吉思汗信奉

[註100] 《元史》，卷 202，列傳第 89，釋老傳，4517 頁。

[註101] 漢籍文獻中所見基督教在中國的傳播始於唐代，但據古敘利亞的文獻，至遲在公元二世紀末，大夏境內已有基督教徒的活動，見 Mingana Alphonse，The early spread of Christianity in central Asia and the Far East: a new document, Manchester University Press, 1925，第 7 頁所引巴爾德桑（Bardaisan）判決文，此文發表日期不遲於 196 年；阿爾諾庇（Arnobius）在約公元 300 年論及基督教傳播，曾列及賽列斯（Seres）之名，這是福音早期在中國傳播的記載，《1550 年前在中國的基督教徒》，23 頁，注 25，轉引自周良宵《元和元以前中國的基督教》，元史研究會編《元史論叢》，第一輯，中華書局，1982 年。根據所見非漢籍文獻可知，南北朝時期基督教已在我國新疆以北地區傳佈開來，但並無公開傳教活動的記載。

[註102] 景教的創始人聶思脫里主張「二性二位說」，認為基督具有神和人兩種本性，但神性與人性並非統一，神性本體附在人性本體上。他的主張與當時盛行的天主教不同，因而遭到天主教廷的排斥，公元 431 年被視作異端，聶思脫里被流放，他的信徒逃往波斯繼續傳教。景教由波斯傳到中亞，貞觀九年（635）由阿羅本傳入中國。

原始的薩滿教，但對其他宗教採取優容的態度。貴由汗在位時對基督教甚表優待，主帳之前常設一座禮拜堂。

元代除景教外，羅馬天主教開始在華傳播。元世祖至元二十六年（1289）羅馬教皇尼古拉四世派遣意大利天主教方濟各會修士約翰・孟帖・科兒維諾（John of monte Corvino）前往中國，他於至元三十一年（1294）抵達大都，向元成宗呈交了教皇的書信，獲准在華傳教，大德二年（1298）在城內動工興建第一座天主教堂。

8.2.2　元大都城內的基督教堂

關於元大都城內也里可溫十字寺情況的記載較少，約翰・孟帖・科兒維諾（John of monte Corvino）在中國寫給可薩里亞（Gazarie）教區主教和教友的兩封書信，可資考釋大都城內天主教堂大略：

第一封信寫於公元 1305 年 1 月 8 日，即元大德八年十二月十三日，信中寫道：

> 我已在京城汗八里（Cambaliech）建築了一座教堂，這是在六年前竣工的。我又建築了一座鐘樓，在裏面設置了三口鐘。再者，根據我的計算，迄今為止，我在那裡已為大約六千人施行了洗禮。如果沒有上述的造謠中傷，我可能已為三萬餘人施行了洗禮，因為我是在不斷地施行洗禮的。

> 我已逐漸買下了四十名男童，他們都是異教徒的兒子，年齡在七歲至十一歲之間。在買下時，他們都不懂得什麼宗教。我在此對他們施行了洗禮，並且教他們拉丁文和我們的宗教儀式。我為他們寫出了詩篇和讚美詩約三十首，每日祈禱書二篇。他們之中，有十一名男童現已學會應用這些來舉行禮拜儀式。不管我在不在教堂，他們都組成唱詩班唱詩並舉行禮拜儀式，好像在修道院裏一樣。他們之中，有幾個人能抄寫詩篇和其他合適的文件。皇帝陛下非常高興聽他們唱歌。在定時祈禱時，我就敲那三口鐘，並和由「乳臭未乾的小夥子和幼童」組成的唱詩班一道唱禱告詞。……現在我正在建築另一座教堂，以便可將男童們分置二處。〔註103〕

〔註103〕《出使蒙古記》，263～265 頁，中國社會科學出版社，1983 年。

1306 年 2 月四旬齋前寫的信中講：

今年即耶穌紀元 1305 年，我已在大汗宮門前面開始建築一座
新教堂。這座教堂與宮門之間的距離僅有一擲石之遠。盧卡隆戈
（Lucalongo）人彼得先生，是一位虔誠的基督教徒，並且是一位大
商人。我從帖兀力思啓程東行以來，一路上他是我的旅伴。我所説
的新教堂的地基，是他購置的。由於對上帝的敬愛，並爲慈悲的信
念所鼓舞，他把這塊地基捐贈給我。爲了建築一座羅馬天主教教堂，
在大汗帝國的全境，人們再也找不出比這更爲合適的地址了。我於
八月初接收了這塊地基，由於我的施主們和資助者們的幫助，建築
工程於聖方濟各節已大部竣工，計有圍牆、房屋、簡單辦公用房和
一座可容二百人的禮拜堂。但是，由於已屆冬季，這座教堂未能全
部完工。不過，我已備齊木料，貯藏室内。依靠上帝的慈悲，我將
於明年夏季把它建成。我確實地告訴你們，從城内和其他地方來的
人，看到新建成的房屋，並且有一個紅十字架高樹屋頂時，都認爲
似乎是一個奇蹟，因爲他們在此以前從未聽到過這座新教堂的一點
消息。我們在我們的禮拜堂裏用普通調子莊嚴地唱禱告詞，因爲我
們尚未得到配有樂譜的《詩篇集》。大汗在宮裏可以聽到我們歌唱的
聲音，這種情況被當作一個奇蹟在各民族中間廣泛傳告，而且這種
情況也將按照慈悲的上帝的安排和促成而成爲非常重要的事情。

我們的第一座教堂和新建的第二座教堂，都在城裏（這個城市
是很大的），兩處相距約二英里半。我把男童們分爲兩部分，讓一部
分男童在第一座教堂，另一部分男童在第二座教堂，由他們自行唱
禱告詞。但是，我每隔一星期輪流到每座教堂去，作爲教士舉行彌
撒，因爲男童們還不是教士。〔註104〕

根據書信的内容可知，大都城内有兩座方濟各會派的教堂。第一座教堂於 1299
年竣工，即元大德三年。第二座教堂建於 1305 年 8 月（大德九年），位於大
汗宮門前，10 月 4 日聖方濟各節前已基本建成，預計將於 1306 年夏全部完工，
禮拜堂屋頂上高聳著紅十字架，成爲大都城内一處極具特色的城市景觀。

孟帖·科兒維諾所建第二座教堂的位置，已有學者進行過考證。張星烺

〔註104〕《出使蒙古記》，267 頁。

先生認爲「約翰新教堂在宮門前一箭之地，當即在新華門附近」，〔註105〕他理解信中提到的「大汗宮門」爲宮城南門崇天門。日本學者佐伯好郎推測位置應在元大都宮城北門厚載門外，但具體位置未作進一步推斷。〔註106〕徐蘋芳先生認爲宮門指皇城正北門厚載紅門，根據《析津志》中兩條材料斷定教堂位於靖恭坊內。〔註107〕下面結合文獻對這座教堂的位置進行推斷。

《析津志》載十字寺前有一座無名橋，〔註108〕說明元大都有一座十字寺前有河，河上有一座無名橋。《永樂大典》卷 17085 廟字韻「原廟」條下引《析津志》云：

唐妃娘娘阿吉剌，也里可溫寺，靖恭坊內，世祖親母。〔註109〕

唐妃娘娘即睿宗拖雷之後唆魯禾帖尼（或譯作莎兒合黑塔泥），是克烈部札合敢不的女兒，蒙哥、忽必烈、旭烈兀和阿里不哥的生母。術外尼和剌失德丁都肯定她信奉基督教，〔註110〕其原廟設在大都靖恭坊內一座也里可溫寺內也就不難理解。張爵《京師五城坊巷胡同集》北城部分有「昭回靖恭坊」之名，其地界東至今交道口南大街，南至地安門東大街，西至地安門外大街，北至鼓樓東大街。〔註111〕明洪武年間昭回坊與靖恭坊是分開的，昭回坊在東，靖恭坊在西，二坊以今南鑼鼓巷爲界。〔註112〕洪武年間北京各坊坊名、坊界大多襲自元末，可以推斷元大都靖恭坊應在今南鑼鼓巷以西、地安門東大街以北、地安門外大街以西、鼓樓東大街以南的位置，這與《析津志》所云靖恭坊在「海子橋北」是吻合的，〔註113〕唐妃娘娘十字寺就在這一地塊中。（圖 8.15）

〔註105〕張星烺《中西交通史料彙編》，第二冊，115 頁注釋，1930 年版，1977 年再版時刪去此注。

〔註106〕佐伯好郎《支那基督教の研究》，第二冊，369 頁，昭和十八年，東京。

〔註107〕徐蘋芳《元大都也里可溫十字寺考》，蘇天鈞主編《北京考古集成》第六卷，金元，571～575 頁，北京出版社，2000 年。

〔註108〕《析津志輯佚》「河閘橋樑」中「無名橋」條下有「十字寺前一」之語，98～99 頁。

〔註109〕《永樂大典》，卷 17085，原廟，轉引自徐蘋芳《元大都也里可溫十字寺考》，蘇天鈞主編《北京考古集成》第 6 卷，金元，573 頁。

〔註110〕術外尼《世界征服者的歷史》，第二卷，552 頁，波義耳（Boyle）英譯本；剌失德丁《史集》，200 頁。

〔註111〕《京師五城坊巷胡同集》，18 頁。

〔註112〕《光緒順天府志》，卷 14，京師志 14，坊巷下，舊坊考，432 頁，北京古籍出版社，2000 年。

〔註113〕《析津志輯佚》，城池街市，4 頁。

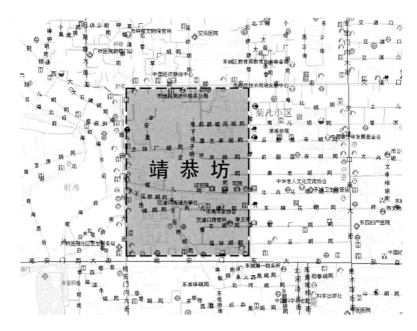

圖 8.15　元大都靖恭坊位置

徐蘋芳認爲《析津志》中所指的十字寺即靖恭坊內也里可溫寺，寺前的河即通惠河，是很有可能的。通惠河在靖恭坊內的一段即今東不壓橋胡同，唐妃娘娘十字寺應在今東不壓橋胡同以北的位置。

意大利方濟各教士鄂多立克曾於 1322 年到 1328 年間來中國旅行，在大都居留的時間最久，回國後向人講述他的見聞：

> 有一次，當大汗從上都到汗八里時，他和另四個小級僧侶，坐在汗要經過的路旁樹蔭下。其中一個僧侶是主教。於是，當汗接近時，這位主教披上教袍，把一枚十字架繫在一根棍子的頭上，把它舉起來；同時這四人開始高聲唱聖詩：「創世主之靈降臨了！」隨後大汗聽見唱詩聲，就問那是什麼意思，他身邊的那四名諸王回答說，這是四個法蘭克列班（即基督教僧人）。因此汗召他們去見他，那個主教就從棍端取下十字架，把它送給汗親吻。那時他原是躺著的，但他一見十字架，便立起身來，脫掉頭上戴的帽子，極尊敬和謙恭地親吻十字架。〔註114〕

〔註114〕《鄂多立克東遊錄》，95～96 頁，中華書局，2002 年。文中的「他」可能是指當時北京的主教約翰・孟帖・科兒維諾（John of monte Corvino），或者是1312 年任命的一個副主教。

　　元代皇帝由上都返回大都均自健德門入城，經海子橋向南入厚載紅門，穿御苑入宮。鄂多立克文中記載的主教很可能是在教堂西側的大街上迎接大汗回宮，教堂的位置應在自健德門至厚載紅門的道路旁邊，很可能就是前述孟帖‧科兒維諾所建的第二座教堂，與徐蘋芳先生對教堂位置的判斷是一致的。

　　大都城內第二座教堂的位置在東不壓橋胡同以北，觀察今日北京東不壓橋以北街巷胡同分佈情況，推測靖恭坊內也里可溫寺的基址範圍在今帽兒胡同西口路北，豆角胡同西段以西，方磚廠胡同以南，地安門外大街以東，即明清時期顯祐宮的位置。（圖 8.16）

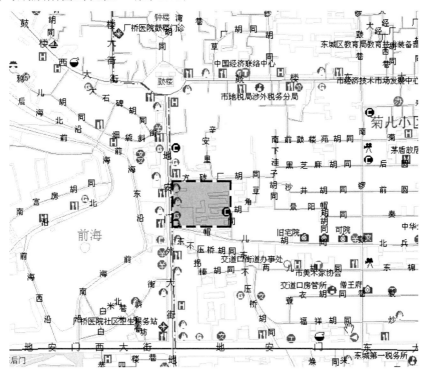

圖 8.16　靖恭坊內也里可溫十字寺用地範圍

　　從今日北京地圖上量得，靖恭坊內也里可溫寺基址東西方向 179 米，約合元代 114 步，南北方向 132 米，約合 84 步，基址規模約為 40 畝。基址東西方向較南北方向長，說明孟帖‧科兒維諾修建的教堂仍採用西方天主教堂的形式，教堂坐西面東，入口設在東方。

　　大都城內第一座教堂距靖恭坊內也里可溫寺 2.5 英里，按 1 公里合 1609.3 米計，兩座教堂相距 4023.25 米。在今日北京地圖上以靖恭坊內也里可溫寺的

位置爲圓心作半徑爲 2.5 英里的圓，可以發現，第一座教堂的位置可能位於大都城西南隅的金城坊、阜財坊，東南隅的明時坊以及大都城北的區域中。由於沒有更多的材料可循，這座教堂的具體位置尚無法確定。

刺桐主教、教友佩里格林 1318 年在致基督教神父的信中寫道：

> 教友約翰到來以後，由於得到上帝的幫助，儘管轟思脫里教徒加以阻撓，他已經在這裡建築了若干座教堂。憎恨搞宗教分裂的轟思脫里派教徒的其他信仰基督教的民族也遵循了教友約翰的榜樣，特別是阿美尼亞人，他們現在正在爲他們自己建築一座非常壯麗的教堂，並且打算把它捐獻給教友約翰。〔註115〕

信中提到的「約翰」即大都城內第一任主教孟帖·科兒維諾，從信中可以看出，延祐五年（1318）仍有一座教堂尚在建設之中，說明大都城內至少有三座教堂，但具體位置已不得而知。

基督教在大都的傳播完全倚仗元廷的支持，教徒「生活費用皆由皇帝供給，十分豐富」，〔註116〕「大汗十分尊重他們，恩待他們。凡是爲了榮耀耶穌基督，教堂、十字架和聖殿需要裝飾之物，只要他們提出請求，大汗頗願供應」，〔註117〕教徒則需爲皇室祈禱，保祐大汗健康。然而，基督教在元代始終沒有走出上層的圈子，信徒也多爲蒙古人、色目人，沒有融入廣大漢族民眾中去，甚至教堂的設計也完全套用西方「坐西面東」的形式，未能與華夏傳統思想文化相融合。隨著元明政權更替，元大都的基督教堂被視作異族文化的象徵遭徹底摧毀，蕩然無存。明末利瑪竇來華之時，已經找不到其前輩在大都地區傳教的絲毫痕跡了。

8.3 伊斯蘭教建築

元朝政府不僅優禮基督教徒與偶像教徒，而且對穆斯林也相當尊重。元朝政府把穆斯林稱作「回回」，居色目人中多數。由於回回兵參加過蒙古軍隊西征與統一中國的戰爭，因而元代回回人的地位僅次於蒙古人，遠在漢人之上。據中統四年（1263）的統計，當時中都城內的回回「計二千九百五十三

〔註115〕《出使蒙古記》，270～271 頁。
〔註116〕《約翰·馬黎諾里遊記》，轉引自《一五五〇年前的中國基督教史》，第 9 章，中華書局，1984 年，287 頁。
〔註117〕《大汗國記》，轉引自《一五五〇年前的中國基督教史》，第 9 章，281 頁。

戶，於內多係富商大賈、勢要兼併之家」，〔註118〕元大都新城建成後，忽必烈下詔將中都舊城居民遷至新城，且規定「以貲高及居職者為先」，〔註119〕大都城內回回人口當不在少數，也必定建有進行禮拜的清眞寺。張昱詩云「花門齊侯月生眉，白日不食夜饑之。纏頭向西禮圈戶，出浴升高叫阿彌」，〔註120〕就是對大都城內穆斯林齋月不食與做禮拜情形生動而眞實的描寫，「圈戶」指帶有穹頂的禮拜堂，「阿彌」則屬漢族文人對回回所念「阿剌」的誤解，〔註121〕由這句詩可證大都城內的清眞寺亦設禮拜殿、浴室、邦克樓等建築，布局應是坐西向東的。

　　遺憾的是，漢文史籍中並無關於大都城清眞寺的記載。北京西城區錦什坊街清眞普壽寺和東四清眞寺被認為是北京城內最早的兩座清眞寺，始建於元代。錦什坊清眞寺位置在今西城區王府倉胡同和小水車胡同間，屬元之金城坊。《乾隆京城全圖》中有繪，清眞寺基址南北方向長度不足兩條胡同間距，規模是相當小的。清眞普壽寺南北兩側的小水車胡同與王府倉胡同間的距離為 79 米，恰為元代相鄰兩條胡同的間距，若清眞普壽寺建於元代的說法屬實，則元代這處清眞寺的規模基址南北方向可能占滿胡同間距，即為元代的 44 步，元代清眞寺基址西界按《乾隆京城全圖》中的位置，則基址東西方向長度為 104 米，約合元代 66 步，基址規模約為 12 畝。（圖 8.17）

　　東四清眞寺是穆斯林在大都地區活動的又一中心，位置在今東四東大街以西，報房胡同以北，大豆腐巷以東，東四西大街以南，屬元之明照坊。這一地塊中沒有東西向的胡同，推測應為元代東四清眞寺的基址。從今日北京地圖上量得，地塊東西 208 米，約合元代 132 步，南北 248 米，約合元代 157 步，元代東四清眞寺的基址規模約為 86 畝。

〔註118〕王惲《為在都回回戶不納差稅事狀》，《秋澗集》，四庫全書本，1201 冊，266 頁。

〔註119〕《元史》，卷 13，本紀第 13，世祖十，274 頁。

〔註120〕《輦下曲》，《可閒老人集》，卷 2，四庫全書本，1222 冊，545 頁。

〔註121〕《南村輟耕錄》：「阿剌，其語也」，卷 28，嘲回回，348 頁，元雜劇《回回迎僧》中也有「卻離了叫佛樓」之句，可見元代漢族文人多將清眞寺中的禮拜殿稱作「叫佛樓」，見明代止雲居士編《萬壑清音》，卷 4，《西遊記·回回迎僧》，第一冊，《善本戲曲叢刊（第四輯）》，臺灣：學生書局，1987 年，270 頁。

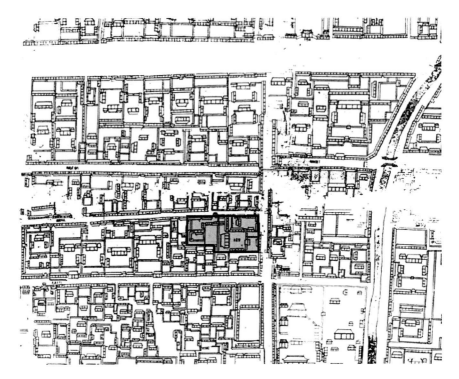

圖 8.17　《乾隆京城全圖》中清真普壽寺

8.4　薩滿教建築

　　蒙古族的原始信仰是基於「萬物有靈」思想的薩滿教，信仰的核心是天神崇拜，天神被認爲是世間的最高主宰，稱作「騰格里」（Tangri）。〔註 122〕蒙古人敬天，「每事必稱天」，〔註 123〕飲酒之前要先酹天，聽到雷聲則認爲是「天叫」，而「恐懼不敢行師」。〔註 124〕《元史》載：「元興朔漠，代有拜天之禮」，〔註 125〕蒙古族歷來重視祭天的活動，以隆重的祭祀儀式取悅於天，以免觸犯天威。祭天常用懸竿之儀，〔註 126〕將祭祀的羊肉懸掛在竿上，然後灑馬乳，叩頭祭天。

〔註122〕（瑞典）多桑《多桑蒙古史》：「韃靼民族之信仰與迷信，與亞洲北部之其他游牧民族或蠻野民族大都相類，皆承認有一主宰，與天合名之曰騰格里」，中華書局，2004 年，31 頁。

〔註123〕王國維《蒙韃備錄箋證》，文殿閣書莊，1936 年，41 頁。

〔註124〕《蒙韃備錄箋證》，42 頁。

〔註125〕《元史》，卷72，志第23，祭祀一，1781 頁。

〔註126〕參見《蒙古秘史》，卷1，第 43 節，河北人民出版社，2001 年，31 頁。

　　蒙古人認爲天神是無所不能的，天神的威力無所不在，每個人的降生都是天神意志的體現，人在世間的活動也應聽命於天神。出征之前需灑馬奶酒祭天，勝利之後則以盛大的歌舞謝天。蒙古人認爲死亡即「由此世渡彼世」，〔註127〕亦應舉行儀式告天，這樣，祭天與祭祖的活動就融爲一體，葉子奇《草木子》謂「元朝人死，致祭曰燒飯，其大祭則燒馬」，〔註128〕指的就是這種祭祀儀式。《元史・祭祀志》記載元代「燒飯」儀式道：

> 　　每歲，九月內及十二月十六日以後，於燒飯院中，用馬一，羊三，馬湩，酒醴，紅織金幣及裹絹各三匹，命蒙古達官一員，偕蒙古巫覡，掘地爲坎以燎肉，仍以酒醴、馬湩雜燒之。巫覡以國語呼累朝御名而致祭焉。〔註129〕

這種祭祀儀式與漢族祭禮明顯不同，具有鮮明的蒙古族特色。

　　《析津志輯佚・古蹟》下有一條關於大都「燒飯園」的記載：

> 　　在蓬萊坊南。由東門又轉西即南園紅門，各有所主祭之，樹壇位。其園內無殿宇。惟松柏成行，數十株森鬱，宛然君高懷愴之意。閫與牆西有燒飯紅門者，乃十一室之神門，來往燒飯之所由，無人敢行。往有軍人把守。每祭，則自內庭騎從酒物，呵從攜持祭物於內。燒飯師婆以國語祝祈，遍灑湩酪酒物。以火燒所祭之肉，而祝語甚詳。先，燒飯園在海子橋南，今廢爲官校場。〔註130〕

這段文字中的「燒飯園」應即《元史・祭祀志》中所謂的「燒飯院」，位置在蓬萊坊南。蓬萊坊的位置在明代保大坊內偏北，即今美術館後街以西、亮果廠胡同以北、東皇城根北大街以西、地安門東大街以南的地塊，燒飯園在這一地塊內偏南的位置，位於大內宮城的東北方向，其北有崇眞萬壽宮。燒飯園西牆有「十一室之神門」，平時有軍人把守，「無人敢行」，推測此門應專爲皇室成員而設。

　　《析津志輯佚・歲紀》載：

> 　　火室房子，即累朝老皇后傳下官分者，先起本位，下官從行。國言火室者，謂如世祖皇帝以次俱承襲皇后職位，奉官祭管一幹耳朵怯薛女孩兒，關請歲給不闕。此十一宮在東華門內向北，延春閣

〔註127〕《多桑蒙古史》，31 頁。
〔註128〕《草木子》，卷 3 下，雜制篇，中華書局，1959 年，63 頁。
〔註129〕《元史》，卷 77，志第 27 下，祭祀六，1924 頁。
〔註130〕《析津志輯佚》，古蹟，115 頁。

東偏是也。〔註131〕

另有關於遊皇城路線的記載：

> 從歷大明殿下，仍回延春閣前蕭牆內交集。自東華門內，經十
> 一室皇后斡耳朵前，轉首清寧殿後，出厚載門外。〔註132〕

對照這兩段記載可以看出，「十一宮」即「十一室皇后斡耳朵」，在宮城之內東華門以北、延春閣以東的位置，爲后妃的居所，距燒飯園較近。這些后妃負責掌管先帝的斡耳朵，從事祭祀活動。〔註133〕燒飯園西牆的「十一室之紅門」，應即皇后進出燒飯園的通道。《析津志輯佚·河閘橋樑》中有「燒飯橋」條：

> 燒飯橋 南出樞密院橋、柴場橋。內府御庫運柴葦俱從此入。
> 下則官酒務橋、光祿寺流化橋。此水自高梁橋入城，而出城至通惠
> 閘，方得到通州。此爲御河皇后酒坊橋。〔註134〕

燒飯橋應近燒飯園，位置在樞密院橋、柴場橋北，內府向燒飯園運送柴葦俱經此橋。燒飯橋又名皇后酒坊橋，說明皇后進出燒飯園亦經此橋。從《乾隆京城全圖》中可以看到，元代蓬萊坊所在地塊西側御河上有一座橋，位置在樞密院橋北、元代宮城北門厚載門東西一線約略偏北的位置。明清御河上橋樑的位置應與元代相同，可證此橋即元代燒飯橋的位置，在今亮果廠胡同與大取燈胡同之間。（圖 8.18）

《乾隆京城全圖》中今日亮果廠胡同與大取燈胡同之間的地塊中並無東西走向的胡同，由此可以確定元大都燒飯園的基址範圍爲：東抵今美術館後街，南抵亮果廠胡同，西抵東黃城根北街，北至大取燈胡同。從地圖上量得基址東西方向 192 米，約合元代 122 步，南北方向 293 米，約合 186 步，元大都燒飯園基址規模約爲 95 畝。將細化的大都城市平格網落在燒飯園基址上，可以看到，燒飯園基址邊界與平格網線基本吻合，基址東西方向 11 格，南北方向 15 格。（圖 8.19）

〔註131〕《析津志輯佚》，歲紀，217～218 頁。

〔註132〕《析津志輯佚》，歲紀，216 頁。

〔註133〕蒙元時期的斡耳朵（Ordo）分固定的與可以遷徙的兩種，「元君立，另設一帳房，極金碧之盛，名爲斡耳朵。及崩即架閣起。新君立，復自作斡耳朵」。（葉子奇《草木子》，雜制編）元帝在位時，其斡耳朵是固定的，去世後斡耳朵則成爲可移動的「宮車」，巡幸上都時「先起本位，下官從行」，《析津志》所謂「火室」或「火室房子」即指后妃掌管的先帝的斡耳朵。參見高榮盛《元代祭禮三題》，《南京大學學報》，2000 年第 6 期。

〔註134〕《析津志輯佚》，河閘橋樑，100 頁。

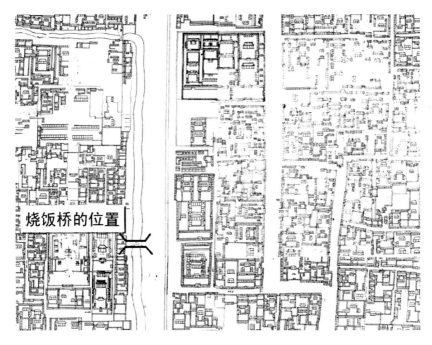

圖 8.18　《乾隆京城全圖》中燒飯橋的位置

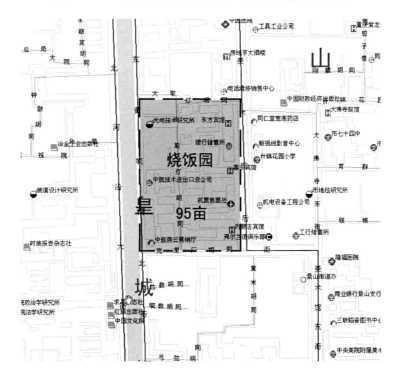

圖 8.19　燒飯園用地範圍

　　《析津志》「燒飯園」條下提到「先，燒飯園在海子橋南，今廢爲官祭場」，可知元大都最初規劃時，燒飯園位於大內正北海子橋南的位置，後來燒飯園遷至宮城東北，原址改作官祭場。海子橋位於大都城市南北中軸線上，大都初建時燒飯園的位置應在厚載紅門外大街旁。元時海子較今日前海開闊，東南岸在今白廠斜街的位置，厚載門外大街以西的地塊逼仄，不足容納祭祀元代諸帝具有「家廟」性質的燒飯園，原燒飯園的位置應在厚載門外大街東側，即今地安門外大街以東的位置。（圖 8.20）

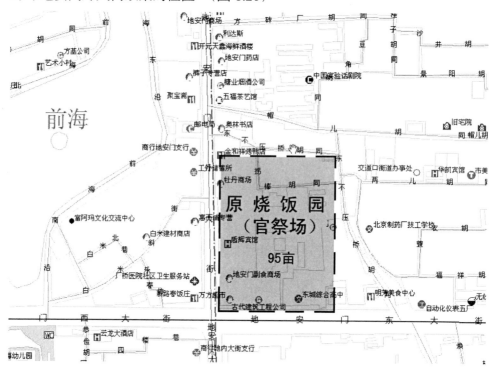

圖 8.20　原燒飯園（官祭場）用地範圍

　　今日東不壓橋胡同與元代通惠河在靖恭坊內的走向一致，其與今地安門東大街、地安門外大街間無貫穿東西的胡同，可以確定元大都初建時的燒飯園即在這一地塊中。從今日地圖上量得，這一地塊東西方向長度爲 212 米，約合元代 135 步，南北方向 265 米，約合 168 步，原燒飯園的基址規模約爲 95 畝，恰與宮城東北新建的燒飯園基址規模相同。這絕非偶然的巧合，可以說明新建燒飯園的基址規模遵循其前確定的規制，95 畝的數字有意附會「九五之尊」之義，足見元室對本民族信仰習俗的重視。

　　元大都城內的道教、基督教、伊斯蘭教、薩滿教建築的位置，以及建築
基址規模與大都城市平格網的關係，如圖 8.21 和 8.22。

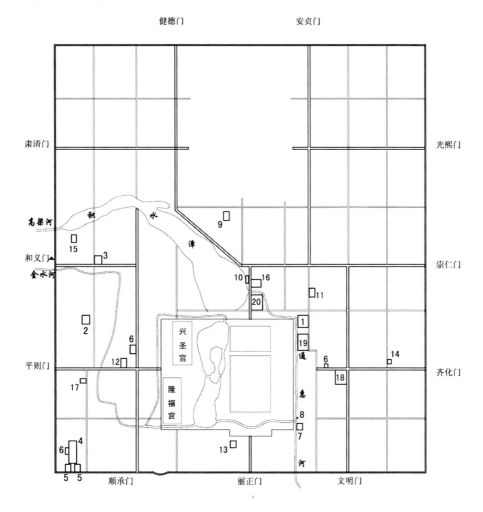

圖 8.21　元大都城內道教、基督教、伊斯蘭教、薩滿教建築分佈圖

道教建築：1.崇眞萬壽宮；2.天師府；3.西太乙宮；4.都城隍廟；5.感聖廟；6.武安王廟；
　　　　7.梓潼帝君廟；8.杜康廟；9.蕭何廟；10.火德眞君廟；11.太和宮；12.靜眞
　　　　觀；13.丹陽觀；14.十方洞陽觀；15.福壽興元觀
基督教建築：16.也里可溫十字寺
伊斯蘭教建築：17.金城坊清眞寺 18.東四清眞寺
薩滿教建築：19.燒飯園 20.官祭場

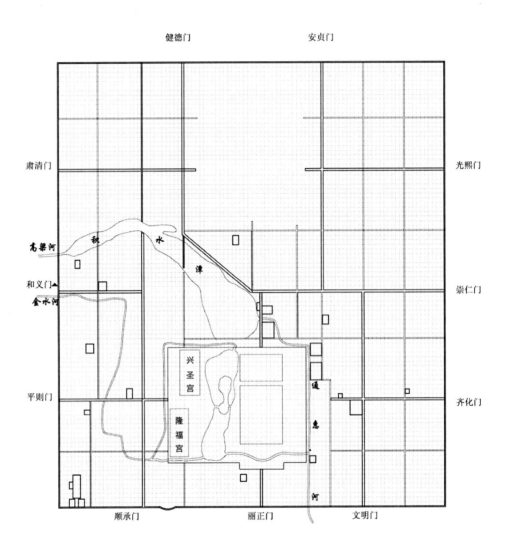

圖 8.22　元大都城內道教、基督教、伊斯蘭教、薩滿教建築與大都城市
　　　　　平格網關係

第 9 章　元大都的住宅

9.1　元大都城內的人口

　　元大都城內居住著不同民族、職業與宗教信仰的人口，分屬不同的等級。居民的人口規模與構成直接影響到元大都住宅的分佈情況與基址規模。在對元大都住宅進行探討之前，有必要對城內人口規模與構成情況進行分析。

9.1.1　元大都的人口規模

　　元大都的人口數量，由於並無直接的統計記錄，歷來研究者對此說法不一。《世界大都市》謂「元代至元七年（1270），北京人口有四十萬」，〔註 1〕其根據當爲《元史·地理志》所載至元七年大都路人口「戶一十四萬七千五百九十，口四十萬一千三百五十」，〔註 2〕此處所謂的人口數爲大都路城鄉戶口之和，並非僅爲大都城市戶口。韓光輝在《北京歷史人口地理》一書中，根據大都城市設置弓手的原則與數量，推斷大都城市戶口規模，是較爲可靠的。

　　《元史·兵志》載：「元制，郡邑設弓手，以防盜」，〔註 3〕「世祖中統五年，隨州府驛路設置巡馬及馬步弓手，驗民數多寡，定立額數」，〔註 4〕而且規定「不以是何投下當差戶計，及軍站人匠、打捕鷹房、斡脫、窯冶諸色人

〔註 1〕　《世界大都市》，生活·讀書·新知上海聯合發行所，1949 年。
〔註 2〕　《元史》，卷 58，志第十，地理一，1347 頁。
〔註 3〕　《元史》，卷 101，志第四十九，兵四，2594 頁。
〔註 4〕　《元史》，卷 101，志第四十九，兵四，2594 頁。

等戶內，每一百戶內取中戶一名充役，與免本戶合著差發。其當戶推到合該差發數目，卻於九十九戶內均攤。」〔註5〕蘇天爵《元文類》亦記載道：「中統五年，驗郡邑民眾寡，置馬步弓手，夜遊邏」，弓手設置的原則為「每百戶，取中產者一人以充」，〔註6〕即100戶各類居民中選1人充任弓手。

根據《元史‧兵志》的記載，至元十六年（1279）大都南城「弓手一千四百名」，北城「弓手七百九十五名」。〔註7〕蘇天爵記至元十八年（1281）弓手的人數為「南城設一千四百名，北城七百九十五人」，〔註8〕由此可以推出至元十八年（1281）大都南城（即中都舊城）共有居民14萬戶，北城（即大都新城）居民7.95萬戶。至正九年（1349）弓手數為「南兵馬指揮司一千名」，「北兵馬指揮司一千人」，〔註9〕即大都南、北二城各1000名弓手，可知至正九年南、北二城居民均為10萬戶。〔註10〕

由此可見，至元十三年（1276）大都新城竣工後，舊城居民便大量遷入新城，至元十八年（1281）大都新城居民已達7.95萬戶。終元之世大都新城的居民數量持續增長，至正初已達10萬戶。大都南城居民戶數呈先增後減的趨勢，〔註11〕這是由於建設大都新城之時，大批官吏、軍戶、匠役遷居中都，導致中都舊城居民數量驟增，而新城竣工後，各類居民紛紛遷往新城，南城居民數量不斷減少。

據韓光輝的研究，至元八年時中都城市居民的平均戶量在3.5左右，至元十八年（1281）和至正九年（1349）大都城市居民的平均戶量當在4左右，中期可達4.5上下。〔註12〕由此可以推測大都新城內的人口規模，至元十八年為31.8萬人，至正九年為40萬人。

〔註5〕《元史》，卷101，志第四十九，兵四，2595頁。
〔註6〕《元文類》，中冊，卷41，弓手，601頁，上海，商務印書館，1936年12月。
〔註7〕《元史》，卷101，志第四十九，兵四，2595頁。
〔註8〕《元文類》，中冊，卷41，弓手，601頁。
〔註9〕《元文類》，中冊，卷41，弓手，601頁。
〔註10〕參見韓光輝《北京歷史人口地理》，68～84頁，北京大學出版社，1996年。
〔註11〕蘇天爵《元文類》載：「（中統五年）中都設巡馬侍衛親軍，內差四百名」，卷41，601頁，根據百戶居民設一弓手的原則，推知中統五年（1264）中都居民戶數為4萬。至元十八年（1281）大都南城（即中都舊城）居民14萬戶，至正初南城居民10萬戶，可見大都南城居民戶數呈先增後減的趨勢。
〔註12〕參見韓光輝《北京歷史人口地理》，83～84頁。

9.1.2　元大都的人口構成

（一）職業構成

蒙古貴族入主中原之初，根據檢括著籍之先後將全部社會戶口分爲「元管戶、交參戶、漏籍戶、協濟戶」四類，此後又根據人戶的職業，將戶口劃歸不同的系統。元大都城市戶籍主要分爲州縣賦役戶口、軍站戶口、匠役戶口與僧道人口四類。其中州縣賦役戶口包括官僚、儒士、醫卜、打捕鷹房、種田、金銀鐵冶、樂人、胥吏等諸色戶口。軍戶包括蒙古、探馬赤和漢軍（包括新附軍）等，站戶爲驛傳所置充任差役的戶口，大都城內存在大量的軍戶與站戶。匠役戶口指從事手工勞動、生產工藝品的特殊戶口，大都城內匠役戶口很多，元朝政府專設「大都路管領諸色人匠提舉司」，「掌大都諸色匠戶理斷昏田詞訟等事」。〔註 13〕僧道人口指各寺觀內專職從事宗教活動的僧人、道士、也里可溫等戶口。

（二）民族構成

在民族政策上，元朝實行四等人制，即蒙古人、色目人、漢人、南人四等。蒙古人爲第一等，《南村輟耕錄》載「蒙古七十二種」〔註 14〕大致反映了蒙古族的基本成分。蒙古族又可分爲幾類，成吉思汗家族即各支宗王是蒙古族的最上層，家族成員都有自己的斡耳朵與怯薛。次一階層是各級那顏，受命管理地方軍政事務，處於中下層的是那顏統治下的牧民與奴隸。色目人爲第二等，泛指西北各族、西域及歐洲來華的各族人。漢人位列第三等，指金朝統治下的漢人、女眞、契丹、渤海等族及南宋滅亡前歸附的雲南、四川地區的漢族人。南人屬最低一等，指原南宋境內的人民。四等人的政治地位、法律地位、社會待遇都有明顯的不同。

9.2　元大都住宅的平面布局與基址規模

目前，業已發現了幾處元代居住遺址，包括雍和宮和後英房發掘的兩處完整的院落遺址、西條胡同院落遺址、後桃園居住遺址以及在今一〇六中學發掘的元代勞動人民的住宅遺址。這些居住遺址遭歷代破壞，大多保存極不完整。本節根據考古發掘報告，對布局較爲清晰的後英房元代住宅平面嘗試

〔註 13〕　《元史》，卷 90，志第 40，百官六，2283 頁。
〔註 14〕　《南村輟耕錄》，卷 1，氏族，12 頁。

進行復原，對其餘各處住宅遺址的平面作一簡介，在此基礎上對各處住宅基址規模進行推測。

9.2.1 後英房居住遺址

平面布局 後英房元代居住遺址在今北京西直門裏後英房胡同西北的明清北城牆基下，是元代規模較大的居住遺址。（圖 9.1）住宅分東、中、西三院，東院比較完整，西院僅殘存北房的月臺等處。「主院正中偏北是由三間正屋和東、西兩挾屋（耳房）組成的五間北房。正屋面闊 11.83 米，當心間 4.07 米，兩次間各爲 3.88 米；進深一間 6.64 米。前出軒三間，面闊同正屋，進深一間 4.39 米。後出廊三間，面闊亦同正屋，進深一間 2.44 米。兩挾屋面闊 4.90 米，進深兩間 7.71 米，明間 5.67 米，北面套間 2.04 米。正屋的前軒整個突出於兩挾屋之外，約占全進深的三分之一弱」。〔註15〕北房前東、西兩側各有一座廂房，北房與東、西廂房之間用圍牆封閉起來。

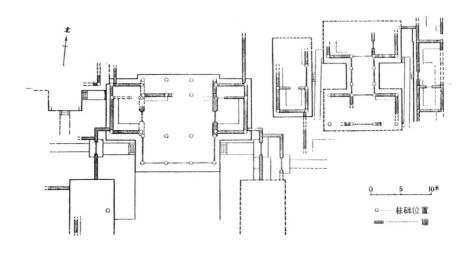

圖 9.1　後英房居住遺址平面圖（引自《考古》，1972 年第 6 期）

東院是以一座工字形平面的建築物爲主體的院落，主要建築稍比主院的建築偏北些。主體建築「南房三間，面闊 11.16 米，三間等闊，皆爲 3.72 米，進深一間 4.75 米。柱廊三間，間寬 3.72 米，總長 6.32 米，以中間一間最長，爲 2.48 米。北房也是三間，面闊與南房相同，北部被破壞，進深不詳，估計

〔註15〕元大都考古隊《北京後英房元代居住遺址》，《考古》，1972 年第 6 期，2 頁。

也應與南房相同。這座建築的臺基的平面也呈工字形」。〔註16〕主體建築東西兩側建有兩座廂房，「西廂房三間也建在臺基之上，當心間面闊 3.76 米，南次間面闊 3.67 米，進深一間 4.65 米。」「東廂房三間，面闊 11.25 米，進深一間 3.90 米。這三間東房的南頭尚有一間房屋，北頭也有一間，它們都不與東房相通聯。北頭一間的門是向東開的」。〔註17〕

西院的南部已大部分破壞，僅在北部尚存一小月臺。月臺北面尚存臺基的東部及西院正房的東南柱礎。

從現存遺址的平面上看，遺址應是這處居住建築基址的偏北部分。「在它的南面似乎還應有一至兩層院落。它的北面可能是後園一類的布置。從南邊的大門開始，至後園為止，應相當於元大都兩個胡同之間的距離」。〔註18〕據此，可以繪出後英房元代住宅平面復原示意圖。（圖 9.2）

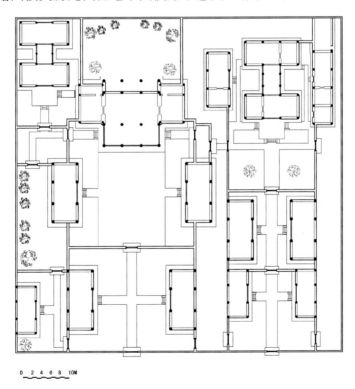

圖 9.2　後英房住宅平面復原示意圖

〔註16〕元大都考古隊《北京後英房元代居住遺址》，《考古》，1972 年第 6 期，4 頁。
〔註17〕元大都考古隊《北京後英房元代居住遺址》，《考古》，1972 年第 6 期，4 頁。
〔註18〕元大都考古隊《北京後英房元代居住遺址》，《考古》，1972 年第 6 期，4 頁。

後英房元代住宅的平面布局與建築形式，體現著宋代向明清時代的過渡。主院北房前出軒、兩側建挾屋，是宋遼以來建築平面常見的形式。《南村輟耕錄》「宮闕制度」中記元大都宮城中某些宮殿有「前後軒」的做法，[註19] 可見「前後軒」是元代較為流行的建築形式。後英房住宅主院北房前軒後廊，是這一形式的變體。明清時期這種平面形式仍在應用，如頤和園的樂壽堂、北海的漪瀾堂等，有的建築則將後廊推出變為後廈。住宅各院落均以院牆圍合，是宋元時期常見的做法，明清時以抄手遊廊取代圍牆。東院北房平面為工字型，也是宋金以來習用的做法，在宮殿、衙署、寺觀、住宅中廣泛採用。[註20] 院落布局採用「一正兩廂」的格局，無疑是明清北京四合院的前身。[註21]

基址規模　後英房元代住宅遺址在大都和義門內以北，即今北京西城區西直門內大街以北、大豐胡同以西的位置，住宅北牆距元大都的海子（積水潭）南岸很近。根據遺址中所見的建築遺跡等細部的情況來分析，「應屬元代中期以後所建」。[註22]

後英房元代住宅中，主院北房的進深達 13.47 米，這是一般住宅中很難見到的。東院柱廊上格子門用五抹，主院北房前軒格子門的尺寸可能更大，在當時等級應是相當高的。大部分牆壁包括院子的圍牆，其隔減部分採用「磨磚對縫」砌築。此外，出土的精美的瓷器與漆器及水晶、瑪瑙等製作的各種文玩陳設，都可以說明這一住宅的主人當屬元朝中上層階級。

住宅的主院及兩側的旁院東西寬度已近 70 米，按 1 步為 1.575 米折算，約合 44 步。住宅的主人社會地位較高，住宅南北方向應占滿兩條胡同之間的距離，即 44 步，基址規模為 8 畝。

9.2.2　西條胡同居住遺址

平面布局　西條胡同元代居住遺址，位於舊鼓樓大街以西 150 米許的明清北城牆下，是一處座北朝南的建築，其地元時屬鳳池坊。[註23] 遺址呈長

〔註19〕參見《南村輟耕錄》，卷21，宮闕制度，250～257頁。

〔註20〕參見傅熹年《王希孟〈千里江山圖〉中的北宋建築》，50～61頁，《故宮博物院院刊》，1979年第2期。

〔註21〕參見《北京後英房元代居住遺址》，4頁，《考古》，1972年第6期。

〔註22〕《北京後英房元代居住遺址》，11頁，《考古》，1972年第6期。

〔註23〕《析津志輯佚》：「鳳池坊 在斜街北」，城池街市，3頁。《元一統志》：「地近

條形，東西總長 34.60、寬 11 米。因遺址壓在明清城基下，遭歷代破壞，保存極不完整。

　　遺址西南部是一磚砌臺基，上建面闊三間的北房，現僅殘留兩間後廊和一間套間。後廊東間面闊 3.85 米，西間面闊 4.13 米，進深 1.35 米。後廊西面套間面闊 3.80 米，進深 1.85 米。北房後面是三間南房，通面闊 10.60 米，通進深 6.46 米。從柱礎布局可知，這座南房由三間大小相等的房間組成，每間面闊爲 3.80 米，進深 5.70 米。東房南北殘長 9.10 米，東西殘寬 2.20 米。〔註 24〕（圖 9.3）

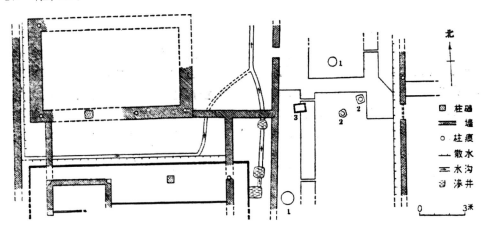

圖 9.3　西條胡同居住遺址平面圖（引自《考古》，1973 年第 5 期）

　　這一居住遺址壓在明清城基下，應是住宅的後院部分，住宅大門很可能在今西條胡同。從建築形式上看，北房可能是住宅主人的居室，北房後面的南房很可能是存放東西的屋子，北房東面的院落可能是廚房和僕役居住的地方。

　　基址規模　據考古勘查，住宅「大門的位置很可能就在現在的西條胡同」。〔註 25〕此處遺址壓在明清北城牆下，即元大都鳳池坊北小街的位置，說明這一住宅南北方向長度爲元大都相鄰兩條胡同間的距離，即 44 步，遺址爲該住宅的北段部分。遺址東西方向總長 34.60 米，且東西兩側圍牆均已探明，

　　　海子，在舊省前，取鳳凰池之義以名」，卷 1，6 頁。
〔註 24〕參見元大都考古隊《北京西條胡同和後桃園的元代居住遺址》，279～284 頁，
　　　《考古》，1973 年第 5 期。
〔註 25〕《北京西條胡同和後桃園的元代居住遺址》，284 頁，《考古》，1973 年第 5 期。

住宅東西方向長度很可能就是 34.60 米，約合 22 步，基址規模爲 4 畝。住宅東西方向長度恰爲大都城市平格網基準寬度的一半，說明其基址規模受細化的城市平格網控制。

遺址中出土的銅權中，一件刻有「延祐五年」字樣，此宅很可能是元代中後期所建。從出土的器物推測，住宅主人的身份可能不及後英房住宅宅主。西條胡同住宅的基址規模爲 4 畝，僅爲後英房住宅基址規模 8 畝的一半，是由於宅主身份的差異造成，抑或由於元代中後期大都城人口增加、土地有限所致，尚有待進一步的研究。

9.2.3　雍和宮後居住遺址

雍和宮後的居住遺址，「三間北房是主要建築物，它建於磚臺基之上。當心間面闊 4 米，進深 5.42 米。兩明一暗。西暗間面闊 3.75 米，進深 7.08 米。兩明間的後簷檔向內收入 1.66 米，形成兩間後廈」。「北房前有一方形磚月臺，月臺前用磚砌出十字形高露道，通往東、西廂房和南房。南房因已在明代城基範圍之外而早被破壞。」〔註 26〕

9.2.4　後桃園居住遺址

後桃園元代居住遺址，位於新街口豁口以西明清北城牆下。遺址在明初修築城牆時即遭嚴重破壞，現僅殘留一些碎磚破瓦，房屋建築及基礎早已無存。〔註 27〕

9.2.5　一〇六中學居住遺址

一〇六中學居住遺址位於西條胡同北側，壓在明清北城牆下，在西條胡同居住遺址的西側。房基低狹，房內僅有一灶、一炕和一個石臼，牆壁用碎磚塊砌成，房的四角上各有一直徑不到 18 釐米的暗柱，地面比門低約 40 釐米，潮濕不堪，房內出土的瓷器也很粗劣。〔註 28〕此處遺址屬元大都中下階層居民的住宅基址，推測規模不足 1 畝。

〔註 26〕《元大都的勘查和發掘》，23 頁，《考古》，1972 年第 1 期。

〔註 27〕參見《北京西條胡同和後桃園的元代居住遺址》，284～285 頁，《考古》，1973 年第 5 期。

〔註 28〕參見《元大都的勘查和發掘》，24～25 頁，《考古》，1972 年第 1 期。

9.2.6　元大都住宅的基址規模

　　元大都新城建成後，忽必烈下詔「詔舊城居民之遷京城者，以貲高及居職者爲先，仍定制以地八畝爲一分；其或地過八畝及力不能作室者，皆不得冒據，聽民作室。」〔註 29〕，確定了「貲高及居職者」以及貴戚、功臣的宅基面積 8 畝的原則。從考古材料可以看到，大都城內的住宅基址規模並不都是 8 畝，底層居民宅基規模甚至不足 1 畝。

　　本章第一節已經證明，至元十八年（1281）大都城內居民 7.95 萬戶，至正九年（1349）大都城居民達 10 萬戶。大都城總面積約 50 平方公里，除去宮殿、衙署、寺觀、廟學、苑囿、倉場以及道路水系等用地外，城市住宅用地面積遠不足 50 平方公里。可見元末平均每戶住宅佔地面積不足 1 畝，遠小於「八畝一分」的規定。

　　由此可以推斷，元初「八畝一分」可能是對住宅基址規模上限的規定，大都城內某些「貲高及居職者」的住宅用地可以達到 8 畝。品級較低的居民在權貴富商擇地之後方可作室，其住宅基址規模遠不足 8 畝。政府「聽民作室」，對每戶住宅的具體面積不作規定。《至正直記》中記載南宋一宦官在宋亡後被帶往大都，因病被批准在宮外居住，所住房屋僅「小煁灶一，幾一」，〔註30〕面積相當之小。

　　儘管政府規定住宅用地面積不得超過 8 畝，然而權貴富戶兼併土地的現象仍時有發生，如至大年間靈椿坊內六戶周姓民宅的宅基都超過 8 畝，其中五戶住宅的基址規模在 20 畝以上。〔註31〕元代中後期隨著大都城市人口增加，京師地貴，住宅的基址規模鮮有可達 8 畝的，位於今西條胡同處的元代住宅建於元中期，基址規模僅爲 4 畝。再如金臺坊法通寺東側的住宅宅基 6 畝，法通寺的基址規模亦爲 6 畝，〔註32〕法通寺是由捨宅爲寺而來，說明法通寺胡同（今華豐胡同）與琉璃寺胡同間可能是按 6 畝的標準劃分住宅用地的。金臺坊在大都城市中軸線上，居民等級應比較高，坊內住宅基址規模不足 8 畝，應是元代中後期大都城內用地緊張所致。而從 4 畝、6 畝的規模來看，元代中後期住宅的基址範圍仍受大都城市平格網限制。

〔註29〕《元史》，卷 13，本紀第 13，世祖十，274 頁。
〔註30〕孔齊《羅太無高節》，《至正直記》，卷 1，轉引自史衛民《元代社會生活史》，中國社會科學出版社，2005 年 6 月，192 頁。
〔註31〕參見第 5 章。
〔註32〕參見第 7 章第 5 節。

9.3 元大都住宅的分佈特點

除本章第二節提到的大都城內已發掘的後英房居住遺址、西條胡同居住遺址、雍和宮後居住遺址、後桃園居住遺址及一〇六中學居住遺址外，文獻所見大都城內的住宅有：

哈達大王府 《析津志》載：「哈達大王府在（文明）門內」，[註33] 其地在今東單北大街附近。哈達大王爲何許人，已不可考。門因府名，元時文明門俗稱哈達門，又作「哈大門」、「哈德門」或「海岱門」，明清時仍沿用這一稱謂。[註34]

實喇公宅 實喇公爲西夏人，名實喇唐古特，仕元後姓楊，謚襄敏。[註35] 《道園學古錄》載：「實喇公得建地和寧里，在內朝之西北，於朝謁爲近」，[註36] 其宅在大內西北，便於朝謁。

程鉅夫宅 《元史》：「賜地京師安貞門，以築居室」，[註37] 地在今安定路附近。

危素宅 危素爲翰林學士，「居鐘樓街」，[註38] 位置在今舊鼓樓大街旁。

文獻所見的大都城內的住宅多在中部和南部，同一階層的住宅往往集中在一起，形成特定的居住區。《析津志》載：

> 西宮後北街，係內家公廨，率是中貴人居止。每家有閹人，非老即小，自朝至暮司職，就收過馬之遺。[註39]

西宮即隆福、興聖二宮，「西宮後北街」的中貴人宅邸在今地安門西大街以北、積水潭以南的位置，屬元大都的發祥、永錫、豐儲三坊，這一地帶爲元代權貴居住區，居民應多爲蒙古、色目人，上文中提到的實喇公宅就在此處。元代大臣返都時須先寄寓寺中，覆命之後方回己宅，元人稱發祥坊內崇國寺爲脫脫丞相故宅，說明脫脫宅邸距崇國寺不遠，可能亦在「西宮後北街」一區。

[註33] 《析津志輯佚》，城池街市，2頁。

[註34] 蔣一葵《長安客話》：「今京師人呼崇文門曰海岱」，卷1，2頁，北京古籍出版社，2000年。

[註35] 虞集《正議大夫江南湖北道肅政廉訪使特贈宣忠效力翊戴功臣大司徒金紫光祿大夫上柱國夏國公謚襄敏楊公神道碑》，《道園學古錄》，卷42，595頁，四庫全書本，1207冊。

[註36] 同上。

[註37] 《元史》，卷172，列傳第59，程鉅夫傳，4016頁。

[註38] 《霏雪錄》，引自《日下舊聞考》，卷54，城市，868頁。

[註39] 《析津志輯佚》，風俗，209頁。

海子北岸鐘、鼓樓西側，是大都城內繁華之區，率多歌臺酒館，「本朝富庶殷實莫盛於此」，〔註40〕是富戶集中的地方。危素「居鐘樓街」，宅邸可能也在此區之中。元大都居賢坊在「國學東，監官多居之」，〔註41〕國子監監官多由漢族儒臣充任，居賢坊應是一處漢族士人居住區。中書省、樞密院、御史臺三大中樞行政機構都在皇城東南的位置，哈達大王府在文明門內，距御史臺很近。朝廷官員爲攀附交往或辦公之便，無疑會將宅邸設在大都城東南一帶。今日東四頭條至東四十條間的胡同排列規則，間距均爲 50 步，其間住宅基址皆達 8 畝，也可證明這一地塊爲元大都權貴住區。

　　至元十八年（1281）大都城內居民已達 7.95 萬戶，平均每戶居民住宅面積不足 1 畝。權貴富戶的住宅基址規模較大，可以達到 8 畝的標準，說明下層民眾住宅的宅基是相當狹促的。權貴富戶住宅集中在大都城南部與中部，下層民眾的住宅應集中在大都城北部，即明清北城牆以外的區域。

　　按蒙古族的居住習俗，部落首領的斡耳朵居於部落中央，面向正南，其南不容臣下居住。妻子們的斡耳朵排列在首領斡耳朵稍後的左右兩側，地位次之，部民與僕役的營帳在這些大斡耳朵的後面。元大都皇城東西兩側爲權貴府邸，稍北爲富戶與漢族臣僚住宅，大都城北部則爲下層民眾住區，這樣的安排鮮明地體現出蒙古族的居住特色。

〔註40〕《析津志輯佚》，古蹟，108 頁。
〔註41〕《析津志輯佚》，城池街市，4 頁。

第 10 章　元大都的園林

　　元大都城內的園林分皇家園林與私家園林兩類。皇家園林多毗鄰大內宮殿而建，規模較大，如宮城以北的御苑、萬壽山與太液池以及興聖宮、隆福宮內的園林。蒙元權貴與士大夫營建的私家園林多分佈在大都城近郊，數量眾多，知名的有萬柳堂、匏瓜亭、玩芳亭、遂初堂等。本章根據文獻記載，對大都地區園林的位置、建築模式及基址規模等進行分析。

10.1　皇家園林

10.1.1　御苑

　　御苑位於宮城北門厚載門之北，《析津志》載：

> 內有水碾，引水自玄武池，灌溉種花木。自有熟地八頃，內有小殿五所。上曾執耒耜以耕，擬於籍田也。[註1]

《故宮遺錄》載：

> 後苑中有金殿，殿楹窗扉皆裹以黃金，四外盡植牡丹，百餘本高可五尺。又西有翠殿，又有花亭毯閣，環以綠牆獸闥，綠障魷窗，左右分佈，異卉幽芳，參差映帶。而玉床寶座，時時如浥流香，如見扇影，如聞歌聲出戶外而若度雲霄，又何異人間天上也！金殿前有野果名姑娘，外垂絳囊，中空如桃，子如丹珠，味甜酸可食，盈盈繞砌，與翠草同芳，亦自可愛。苑後重繞長廡，廡後出內牆，東

〔註1〕　《析津志輯佚》，城池街市，2 頁，北京古籍出版社，2000 年。

連海子，以接厚載門。繞長廊中皆宮娥所處之室。〔註2〕

從上述記載看，元大都御苑的規模並不很大。「熟地八頃」，即可耕種的土地為 800 畝，御苑的規模應略大，當在 1000 畝左右。

10.1.2 萬壽山、太液池

太液池位於宮城之西，包括今日的北海和中海，是元大都城內規模最大的苑囿。《南村輟耕錄》載：

> 太液池在大內西，周回若干里，植芙蓉。儀天殿在池中圓坻上。當萬壽山，十一楹。高三十五尺，圍七十尺，重簷，圓蓋頂，圓臺址。甃以文石，藉以花茵，中設御榻，周闌瑣窗。東西門各一間。西北廁堂一間。臺西向，列甃磚龕，以居宿衛之士。東為木橋，長一百廿尺，闊廿二尺，通大內之夾垣。西為木弔橋，長四百七十尺，闊如東橋。中闕之，立柱，架梁於二舟，以當其空。至車駕行幸上都，留守官則移舟斷橋，以禁往來。是橋通興聖宮前之夾垣。後有白玉石橋，乃萬壽山之道也。犀山臺在儀天殿前水中，上植木芍藥。〔註3〕

太液池中有三個小島，傚仿傳統園林「一池三山」的模式。中間的小島名「圓坻」，上設圓形夯土臺基，臺基上建十一楹的儀天殿。圓坻東、西、北三面皆設橋，東側木橋通大內夾垣，西側木弔橋通興聖宮前夾垣。圓坻南面的小島名「犀山臺」，上植木芍藥。北面的島即萬壽山，在三島中面積最大，與圓坻以白玉石橋相連。《南村輟耕錄》記載萬壽山的來歷：

> 國家起朔漠日，塞上有一山，形勢雄偉。金人望氣者，謂此山有王氣，非我之利。金人謀欲厭勝之，計無所出，時國已多事，乃求通好入貢。既而曰：它無所冀，願得某山以鎮壓我土耳。眾皆鄙笑而許之。金人乃大發卒，鑿掘輦運至幽州城北，積累成山。因開挑海子，栽植花木，營構宮殿，以為遊幸之所。未幾金亡，世皇徙都之。至元四年，興築宮城，山適在禁中，遂賜今名云。〔註4〕

由此可知，金人掘土為山築瓊華島實為鎮壓蒙古王氣，元代將瓊華島納入禁

〔註2〕 《故宮遺錄》，77 頁，北京古籍出版社，1980 年。
〔註3〕 《南村輟耕錄》，卷21，宮闕制度，256 頁。
〔註4〕 《南村輟耕錄》，15～16 頁，卷一，「萬歲山」條。

中，改稱萬壽山，並多有營繕：

> 萬歲山在大內西北太液池之陽。金人名瓊花島。中統三年修繕
> 之。至元八年賜今名。其山皆疊玲瓏石爲之。峰巒隱映。松檜隆鬱。
> 秀若天成。引金水河至其後。轉機運斗。汲水至山頂。出石龍口。
> 注方池。伏流至仁智殿後。有石刻蟠龍。昂首噴水仰出。然後由東
> 西流於太液池。山前有白玉石橋。長二百餘尺。直儀天殿後。橋
> 之北有玲瓏石。擁木門五。門皆爲石色。內有隙地。對立日月石。
> 西有石棋枰。又有石坐床。左右皆有登山之徑。縈紆萬石中。洞府
> 出入。宛轉相迷。至一殿一亭。各擅一景之妙。山之東有石橋。長
> 七十六尺。闊四十一尺半。爲石渠以載金水。而流於山後以汲於山
> 頂也。又東。爲靈圃。奇獸珍禽在焉。廣寒殿在山頂。七間。東西
> 一百二十尺。深六十二尺。高五十尺。重阿藻井。文石甃地。四面
> 瑣窗。板密其裏。遍綴金紅雲。而蟠龍矯蹇於丹楹之上。中有小玉
> 殿。內設金嵌玉龍御榻。左右列從臣坐床。前架黑玉酒甕一。玉有
> 白章。隨其形刻爲魚獸出沒於波濤之狀。其大可貯酒三十餘石。又
> 有玉假山一峯。玉響鐵一懸。殿之後有小石筍二。內出石龍首。以
> 噀所引金水。西北有厠堂一間。仁智殿在山之半。三間。高三十尺。
> 金露亭在廣寒殿東。其制圓。九柱。高二十四尺。尖頂上置琉璃珠。
> 亭後有銅幡竿。玉虹亭在廣寒殿西。制度如金露。方壺亭在荷葉殿
> 後。高三十尺。重屋八面。重屋無梯。自金露亭前複道登焉。又曰
> 線珠亭。瀛洲亭在溫石浴室後。制度同方壺。玉虹亭前仍有登重屋
> 複道。亦曰線珠亭。荷葉殿在方壺前。仁智西北。三間。高三十尺。
> 方頂。中置琉璃珠。溫石浴石在瀛洲前、仁智西北。三間。高二十
> 三尺。方頂。中置塗金寶瓶。圓亭。又曰胭粉亭。在荷葉稍西。蓋
> 后妃添妝之所也。八面。介福殿在仁智東差北。三間。東西四十一
> 尺。高二十五尺。延和殿在仁智西北。制度如介福。馬潼室在介福
> 前。三間。牧人之室在延和前。三間。庖室在馬潼前。東浴室更衣
> 殿在山東平地。三間。兩夾。〔註5〕

元代的萬壽山峰巒掩映，琪木扶疏，山前有白玉石橋正對圓坻上的儀天殿，
橋北有玲瓏石、木門、日月石等。仁智殿三間，在半山腰的位置。山頂有廣

〔註5〕　《南村輟耕錄》，卷21，宮闕制度，255～256頁。

寒殿，始建於金，金元之際爲道士所毀，[註6] 元代在金代廣寒殿舊址上重建七間重簷的殿堂，仍名廣寒殿。廣寒殿內有小玉殿，[註7] 設金嵌玉龍御榻，廣寒殿前有露臺，置黑玉製成的瀆山大玉海，可容酒三十餘石，[註8] 露臺四周繞以白石花闌。廣寒殿東、西有金露、玉虹二圓亭，亭頂置琉璃珠，二亭通過馳道與廣寒殿相連。每年車駕巡幸上都之前，元帝都先在萬壽山宴請百官，[註9] 設宴之前則在玉虹亭內溫酒。[註10] 山上另有介福殿、延和殿、荷葉殿、溫石浴室、方壺亭、瀛洲亭、胭粉亭、庖室、馬湩室、牧人之室、浴室、更衣殿等建築，一殿一亭皆擅一景之妙。（圖 10.1）於萬壽山憑欄前望，大內宮殿金碧流輝，遙顧西山，雲氣浮動仙山縹緲，有若清虛之府。意大利教士鄂多立克在他的行紀中盛讚道：

> 大宮牆內，堆起一座小山，其上築有另一宮殿，係全世界之最美者。此山遍植樹，故此名爲綠山。山旁鑿有一池〔方圓超過一英里〕，上跨一極美之橋。池上有無數野鴨、鴨子和天鵝，使人驚歎；所以君王想遊樂時無需離家。宮牆內還有布滿各種野獸的叢林；因之他能隨意行獵，再不要離開該地。[註11]

元帝時常來萬壽山、太液池遊賞，周憲王詩云「合香殿倚翠峰頭，太液波澄暑氣收。兩岸垂楊千百尺，荷花深處戲龍舟」，[註12] 就是對元帝泛舟太液池的描寫。元順帝工於匠作，曾親自設計龍舟，「長一百二十尺，廣二十尺，上有五殿，龍身並殿宇俱五采金裝，日於後宮海子內遊戲船行」，[註13] 順帝時萬壽山又有增建，如建採芳館、浮橋、飛樓等。[註14]

[註6] 元好問《遺山集》：「瓊華島絕頂廣寒殿，近爲黃冠輩所撤」，《遺山集》，卷9，四庫全書本，1191 冊，103 頁。

[註7] 《元史》：「（至元四年）九月壬辰，作玉殿於廣寒殿中」，卷6，本紀第6，世祖三，115 頁。

[註8] 《元史》：「（至元二年十二月）己丑，瀆山大玉海成，敕置廣寒殿」，卷6，本紀第6，世祖三，109 頁。

[註9] 《南村輟耕錄》，卷1，萬歲山，16 頁。

[註10] 《故宮遺錄》：「由東而上，爲玉虹殿，殿前有石岩如屋，每設宴，必溫酒其中更衣」，68 頁。

[註11] 何高濟譯《鄂多立克東遊錄》，79～80 頁，中華書局，2002 年。

[註12] 周憲王《元內苑龍舟》，《誠齋新錄》，轉引自《人海詩區》，229 頁。

[註13] 陶宗儀《元氏掖庭記》，《說郛》，卷 110 上，四庫全書本，882 冊，378 頁。

[註14] 《元氏掖庭記》：「帝爲英英起採芳館於瓊華島內」，《說郛》，卷 110 上，四庫全書本，882 冊，377 頁。「癸巳秋，順帝乘龍船泛月池上，池起浮橋三處，

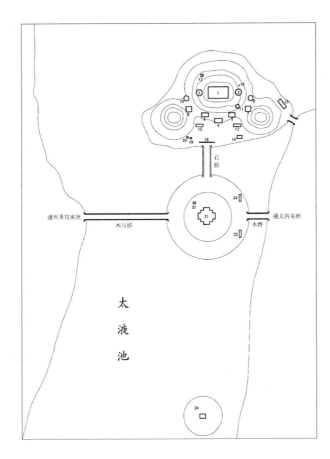

1 广寒殿
2 金露亭
3 玉虹亭
4 仁智殿
5 介福殿
6 延和殿
7 荷叶殿
8 方壶亭
9 温石浴室
10 瀛洲亭
11 胭粉亭
12 马湢室
13 牧人之室
14 庖室
15 东浴室更衣殿
16 铜幡竿
17 厕堂
18 木门
19 石棋枰
20 石坐床
21 仪天殿
22 厕堂
23 宿卫之室
24 犀山台

圖 10.1　萬壽山、太液池平面圖

　　今日北海的水面較元太液池圓坻以北的水面面積略小，中海面積與元太液池圓坻以南的水面面積大致相當。從今日北京地圖上量得今日北海、中海（包括瓊華島、團城與犀山臺）的總面積爲 76 公頃，元代萬歲山、太液池的面積應較之略大，約爲 80 公頃，折合爲元畝約 1344 畝。

10.1.3　下馬飛放泊

　　中統四年（1263），忽必烈在大都城南營建園林，名爲下馬飛放泊，專供蒙元帝王、貴族冬春之交遊幸飛放。〔註 15〕位置在今豐臺區南苑村北，東高

　　每處分三洞，洞上結綵爲飛樓，樓上置女樂，橋以木爲質，飾以錦繡，九洞不相直達」，《説郛》，卷 110 上，四庫全書本，882 冊，374 頁。

〔註 15〕　《元史》：「冬春之交，天子或親幸近郊，縱鷹隼搏擊，以爲遊豫之度，謂之

地以西，北大紅門以南一帶，「日下馬者，蓋言其近也」。〔註16〕據《大元混一方輿勝覽》的記載，飛放泊「廣四十頃」，〔註17〕按一頃百畝計，〔註18〕下馬飛放泊的基址規模為 4000 畝。

10.2 城市公共園林與私家園林

大都地區除皇家園林外，還有不少的公共園林與私家園林。于光度在《元大都的園林》一文中對元大都公共園林與私家園林作了概述，為筆者的研究提供了很大的便利。本節在此基礎上，進一步對大都城內及城邊公共園林與私家園林的位置及基址規模進行推測。

（一）臨錦堂

臨錦堂是大都城內的小型園圃，「引金溝之水，渠而沼之。竹樹蔥倩，行布棋列；嘉花珍果，靈峰玉湖，往往而在焉。堂於其中，名之曰『臨錦』」。〔註19〕金溝即金水河，可知此園位於金水河畔。

（二）萬春園

元時，「海子岸有萬春園。進士登第恩榮宴後，會同年於此」，此園地近海子，繁華秀麗。「臨水亭臺似曲江」，〔註20〕元人將其比作唐長安曲江池，此園應為一處城市公共園林。

（三）玉淵潭

玉淵潭位於釣魚臺之地，「都城西郊，佛宮真館，勝概盤鬱。其間有潭曰『玉淵』，蓋丁氏故池也。柳堤環抱，景氣蕭爽」，「沙鷗容與於波間，幽禽和鳴於林際」，〔註21〕此園是元代遊賞佳麗之所，「士大夫休暇宴遊於此，膚和極盛」，〔註22〕為當時宴遊勝地，屬城市公共園林。

飛放」，卷101，志第49，兵四，2599 頁。
〔註16〕《日下舊聞考》，卷75，國朝苑囿，1265 頁。
〔註17〕《大元混一方輿勝覽》，四川大學出版社，2003 年。
〔註18〕參見吳承洛《中國度量衡史》，上海書店，1984 年，94～97 頁。
〔註19〕《遺山集》，卷33，轉引自于光度《元大都的園林》，《北京考古集成》，第 6 卷，北京出版社，2000 年，145 頁。
〔註20〕《淥水亭雜識》，引自《日下舊聞考》，卷54，873 頁。
〔註21〕《秋澗集》，卷42，轉引自《元大都的園林》，《北京考古集成》，第 6 卷，145 頁。
〔註22〕《長安客話》，卷3，64 頁。

元大都玉淵潭為今日北京玉淵潭的前身。今日玉淵潭基址東西 1820 米，南北 1106 米，總面積約 137 公頃。元大都玉淵潭用地範圍當與此相近，基址規模約為 2301 畝。

（四）匏瓜亭

匏瓜亭在大都城東南，「在燕之陽春門外，去城十里。亭之大，不過尋丈」，景致優美，元代士人常來此遊歷芳叢，流連吟詠，「長篇短章，累千百萬言猶未已」。〔註 23〕燕之陽春門即金中都東牆南端之門，在今豐臺區東莊附近。〔註 24〕元代 1 里合 378 米，匏瓜亭在陽春門外十里，大約在今北京外城東南角的位置。

（五）雙清亭

雙清亭「在通惠河上，元都水監張經歷園也」。〔註 25〕「吏退公庭雁鶩行，持杯暫對水雲鄉。山開罨畫涵清影，花落胭脂漾晚香」，〔註 26〕就是描寫張經歷公事完畢後在園中獨酌賞景的情狀，此園當在大都城外近郊。園在通惠河畔，位置應在大都城東南的位置。

（六）漱芳亭

漱芳亭「在齊化門外」，〔註 27〕即今朝陽門外之地。此園為梅而建：

> 燕地未有梅花，吳閶闓宗師全節時為嗣師，新從江南移至護以穹廬，遍曰「漱芳亭」。伯雨偶造其所，恍若與西湖故人遊。徘徊既久，不覺熟於寢中。〔註 28〕

園內梅花之盛堪比西湖，景色非常優美。

（七）杏花園

杏花園在齊化門外東嶽廟一帶，為道士董宇定所建，「植杏千餘株」。〔註 29〕元代士人常於此雅集，明人追憶元代杏園賞花的盛景：「上東門外杏花開，千

〔註 23〕　《析津志輯佚》，古蹟，105 頁。
〔註 24〕　參見《金中都》，「金中都城圖」。
〔註 25〕　《宸垣識略》，卷 12，249 頁。
〔註 26〕　《燕石集》，引自《日下舊聞考》，卷 89，1514 頁。
〔註 27〕　《春明夢餘錄》，卷 64，轉引自《元大都的園林》，《北京考古集成》，第 6 卷，146 頁。
〔註 28〕　《南村輟耕錄》，卷 9，漱芳亭，115 頁。
〔註 29〕　《春明夢餘錄》，卷 64，轉引自《元大都的園林》，《北京考古集成》，第 6 卷，147 頁。

樹紅雲繞石臺。最憶奎章虞閣老，白頭騎馬看花來」。〔註30〕

（八）邃初亭

《析津志》載邃初亭：

> 在京施仁門北，崇恩福元寺西門西街北，舊隆禧院正廳後。乃
> 章子有平章別墅也。〔註31〕

施仁門爲金中都東牆北部之門，在今驟馬市大街與粉房琉璃街交口的位置。大崇恩福元寺在麗正門至下馬飛放泊的路旁，應在今前門大街東側。邃初亭在施仁門北，崇恩福元寺西門西街路北，推測崇恩福元寺西門西街即今珠市口西大街的位置，邃初亭位置應在驟馬市大街、珠市口西大街的北側，距粉房琉璃街與驟馬市大街交口不遠的地方。《天府廣記》載大都城邃初堂「繞堂花竹水石之勝，甲於都城」，〔註32〕可能亦指邃初亭而言。

（九）望湖亭

望湖亭「在斜街之西，最爲遊賞勝處」，〔註33〕位置在今鼓樓大街西側，是大都城內景致佳絕之處。

（十）廉園

在大都城南，爲廉希憲之別墅，「其城南別墅當時稱廉園，『花園村』之名起此」。〔註34〕花園村在今右安門外涼水河南，廉園位置亦當在此一帶。

元代文人賦詞描寫此園道：

> 渺西風天地，拂吟袖，出重城。正秋滿閒園，松枯石潤，竹瘦
> 霜清。扁舟採菱歌斷，但一泓寒碧畫橋平。放眼奇觀石上，太行飛
> 入簾楹。主人聲利一毫輕，愛客見高情。便芟剝驪珠，蓮水分繭，
> 灑注金瓶。風流故家文獻，況登高作賦有諸甥。清露堂前好月，多
> 情照我題名。〔註35〕

從這首詞可以看出廉園內湖面如鏡，松竹掩映，畫橋煙柳，採菱輕舟，景色幽清。

〔註30〕《詞苑叢譚》，引自《日下舊聞考》，卷88，1491頁。
〔註31〕《析津志輯佚》，古蹟，105頁。
〔註32〕《天府廣記》，卷37，513頁。
〔註33〕《析津志輯佚》，古蹟，105頁。
〔註34〕《長安客話》，卷3，郊坰雜記，63頁。
〔註35〕《圭塘小稿》，引自《日下舊聞考》，卷90，1533頁。

（十一）玩芳亭

玩芳亭，「在燕京東營內。乃栗院使之別墅，一時文彥品題甚富」，〔註36〕《帝京景物略》對玩芳亭的位置記載更詳，「右安門外南十里草橋，方十里，皆泉也」，〔註37〕「草橋去豐臺十里，中多亭館，亭館多於水頻圍中……栗院使之玩芳亭，要在彌望間」，〔註38〕草橋在右安門外十里，即 3780 米的地方。今北京草橋位於右安門外西南，距右安門 3400 米左右，應即《帝京景物略》中所言之草橋，由此可以確定玩芳亭的位置在今草橋一帶。這裡「眾水所歸」，河流密佈，為建造園林提供了極佳的自然條件。

（十二）萬柳堂

萬柳堂是廉希憲在大都城郊所建的另一處別墅，《長安客話》載：

> 元初，野雲廉公希憲即釣魚臺為別墅，構堂池上，繞池植柳數
>
> 百株，因題曰萬柳堂。池中多蓮，每夏柳蔭蓮香，風景可愛。〔註39〕

萬柳堂在釣魚臺附近，距元代平則門較近，在大都城西南的位置。園內有較大的湖沼，柳蔭蓮香，元代士人常遊宴於此。

（十三）水木清華亭

水木清華亭為「元御史王儼別業，在文明門外東南里許。園池構築，甲諸邸第」。〔註40〕《宸垣識略》描述此園：

> 北瞻闉闍，五雲杳靄，西望艫舳，汎汎於煙波浩渺，雲樹參差
>
> 之間。〔註41〕

園內北瞻可見大內宮殿之富麗堂皇，西望是通惠河內運糧船穿梭於煙波浩淼之間。據此可知此園應在文明門外通惠河道北岸，與文明門的距離在 378 米左右，大約在今船板胡同一帶。

除以上園林外，大都地區的園林還有南城內利用金代舊苑改建的種德園、樞府相君苑，五花亭、壽山亭、翠雲亭、錦波亭、歲寒亭、碧雲亭、獨秀亭等。〔註42〕西郊的香山、玉泉山、西湖風景優美，成為士庶雲集、踏青

〔註36〕 《析津志輯佚》，古蹟，105 頁。
〔註37〕 《帝京景物略》，卷 3，城南內外，草橋，119 頁。
〔註38〕 《帝京景物略》，卷 3，城南內外，草橋，121 頁。
〔註39〕 《長安客話》，卷 3，63 頁。
〔註40〕 《宸垣識略》，卷 9，北京古籍出版社，1983 年，167 頁。
〔註41〕 《宸垣識略》，卷 9，北京古籍出版社，1983 年，167 頁。
〔註42〕 參見《析津志輯佚》，古蹟，104～105 頁。

遊賞的佳處，具有公共園林的性質。此外，大都的寺觀內亦多闢有園林，意境清幽，吸引士人吟詠流連。

10.3　小結

根據上文的分析，將元大都地區的園林位置、始建時間與基址規模列表如 10.1。

表 10.1　元大都地區園林表

名稱	始建時間	元代所在坊名或位置	今地	基址規模（元畝）
御苑	至元間	厚載門北	景山公園北	1000
萬歲山、太液池	金代	宮城之西	中海、北海	1344
下馬飛放泊	1263	大都城南	豐臺區南苑村北	4000
臨錦堂		金水河畔		
萬春園		海子岸	積水潭旁	
玉淵潭		西郊釣魚臺	玉淵潭公園	2301
匏瓜亭		陽春門外十里	外城東南角	
雙清亭		通惠河上	崇文門東、西大街旁	
漱芳亭		齊化門外	朝陽門外	
杏花園		齊化門外	東嶽廟	
遂初亭		施仁門北	騾馬市大街、珠市口西大街北側	
望湖亭		斜街之西	鼓樓西大街西側	
廉園		城南	右安門外涼水河南	
玩芳亭		草橋	草橋一帶	
萬柳堂	至元間	西郊釣魚臺	釣魚臺附近	
水木清華亭		文明門外東南	船板胡同附近	

從表中可以看出，元大都的園林主要分佈在大都城東南與西南，而尤以西南一帶最為集中。究其原因，當與元大都周邊水系分佈有關。金代為通漕濟運，自盧溝河上的金口開渠引水，經中都城北一直向東，經通州與潞河相

匯，這條水道稱作金口河水系。〔註43〕金中都東南另有涼水河水系，經通州匯入運河。金口河水系與涼水河水系河道兩岸水源豐沛，草木豐茂，風景秀美，爲建造園林提供了極佳的自然條件，金代可能就在這兩條水系附近建有園林。元大都城郊園林多集中在城市西南一帶，即金中都關廂地區，說明元大都的園林大多因襲金代園林之舊，利用金代園林加以改造而成。

元大都新建園林的位置，除金口河水系與涼水河水系旁外，還有幾處位於新開通的通惠河河畔以及金水河、海子附近，無疑是與易於引水、草木蔥鬱等良好的自然條件有關。

元大都城內用地有限，園林的規模不大，而郊區的園林則因地制宜隨形就勢，用地不受限制，玉淵潭佔地達 2300 畝，基址規模是相當大的。忽必烈敕建的專供帝王貴族遊獵的下馬飛放泊佔地 4000 畝，是大都地區規模最大的園林。

〔註43〕 參見《北京歷代城市建設中的河湖水系及其利用》，《侯仁之文集》，96～102頁。

第 11 章　結語：城市史視角下的元大都

　　元朝是蒙古族建立起來的統一王朝，其前身爲成吉思汗於 1206 年統一草原後建立的大蒙古國。大蒙古國時期草創的法律規章制度，很多都被後來的元朝沿用。這一時期曾於 1235 年在漠北建立過第一座都城哈剌和林，憲宗六年（1256）忽必烈又命劉秉忠在桓州東灤水北「建城郭」，[註1] 三年後建成開平府。忽必烈即位後，中統四年（1263）升開平府爲上都，亦稱上京、灤京等。本節首先對和林、上都的城市布局進行分析，以加深對元大都城市特色的認識。

　　忽必烈稱汗之前，和林一直是蒙古國的都城。雖爲都城尺度卻很小，僅爲一座長約一公里，寬不足一公里的小城。和林城設四座城門，南北向與東西向的城市乾道十字相交。城內建有大汗居住的萬安宮、十二座佛寺、兩座清眞寺和一座基督教堂，住宅分爲回回人區與漢人區。萬安宮的周圍，散佈著汗妃與親王的蒙古包，充滿著草原游牧氣息。[註2]

　　上都是蒙元政權建造的第二座都城，位於今內蒙古自治區正藍旗東 18 公里閃電河北岸。上都的城市布局已基本探明，由外城、皇城與宮城三道城垣組成，關廂地帶亦有較多的建築遺存。外城平面接近方形，每邊長 2200 米。外城南部有縱橫交錯的街道與整齊的院落遺址，北部則罕有建築遺跡，唯中央部位有一處東西 317.5 米、南北 192.5 米的土圍牆建築，應是皇家御苑所在地。皇城位於外城的東南部，平面近於方形，邊長約爲 1400 米，南北各一門，

〔註1〕　《元史》，卷 157，列傳第 44，劉秉忠傳，3693 頁。
〔註2〕　參見朱耀廷《從元世祖遷都、定都看北京的城建特色與歷史地位》，《元世祖研究》，北京燕山出版社，2006 年 8 月，114～115 頁。

東西各兩門。皇城內街道布置整齊對稱，多官署建築，西北角有乾元寺遺址，東北角有華嚴寺遺址，東南角可能為孔廟的位置。宮城位於皇城正中偏北，平面呈長方形，南北長度為 620 米，東西寬度為 570 米，四角建角樓，東、南、西三面城牆正中設有城門。宮城內有大安閣、水晶殿、虹熙殿、睿思殿、穆清閣、鹿頂殿、楠木亭、香殿等建築，可視為上都的大內。〔註3〕大安閣位於宮城中心，「取故宋熙春閣材於汴，稍損益之」，〔註4〕是模仿北宋東京熙春閣而建造的，而水晶殿、香殿等建築則為蒙古族特有的建築形式。御苑中的伯亦斡耳朵群落，可視為上都的西內，鮮明地體現著草原民族的居住特色。〔註5〕

上都的規劃布局由劉秉忠負責設計，在保留蒙古族生活習俗的同時又融入漢族建築特點。城市布局自由，並無明確的中軸線，宮城內的建築亦隨宜設置，這與草原游牧民族「逐水草而居」的生活習慣是一致的。由此可見，元上都的城市形態仍主要是蒙古族習俗的體現。

忽必烈在藩時，即「思大有為於天下」，〔註6〕接受漢族儒士提出的「陛下帝中國，當行中國事」等建議，〔註7〕至元四年（1267）開始興建的大都城，明顯沿襲中原王朝都城的規劃特點。同時，元大都的主要規劃設計者劉秉忠「尤邃於易及邵氏經世書」，〔註8〕在規劃大都城時，有意附會《周易》象數與堪輿之說。元大都的城市規劃較多地繼承漢族都城的傳統，主要有以下幾個方面：

（一）元大都城市規劃具有明確的南北向中軸線。這條中軸線始於外城正門麗正門，經皇城蕭牆南靈星門、宮城正門崇天門、北門厚載門、皇城北門後載紅門，過海子橋至中心臺。將皇城、宮城置於城市中軸線上，是對歷代中原都城布局特點的傚仿。

（二）遵照《周禮・考工記》中「旁三門」、「九經九緯」、「左祖右社」、「面朝後市」等原則設計。元大都東、西、南三面城牆各闢三門，北牆兩門，

〔註3〕 參見魏堅《元上都及周圍地區考古發現與研究》，《內蒙古文物考古》，1999年第2期；李逸友《元上都遺址》，載葉新民、齊木德道爾吉編《元上都研究文集》，中央民族大學出版社，2003年8月，63～64頁；張景明《元上都與大都城址的平面布局》，《元上都研究文集》，124～134頁。

〔註4〕 虞集《跋大安閣圖》，《道園學古錄》，卷10，四庫全書本，1207冊，157頁。

〔註5〕 參見葉新民《元上都宮殿樓閣考》，《內蒙古大學學報》，1987年第3期。

〔註6〕 《元史》，卷4，本紀第4，世祖一，57頁。

〔註7〕 《元史》，卷160，列傳第47，徐世隆傳，3769頁。

〔註8〕 《元史》，卷157，列傳第44，劉秉忠傳，3688頁。

共設十一門，略與《周禮・考工記》之「旁三門」不符。黃文仲在《大都賦》中對此解釋道：「闢十一門，四達幢幢。蓋體元而立像，允合乎五、六天地之中」，可見大都城「十一」之數是將陽數的中位數五與陰數的中位數六相加得到，象徵陰陽和諧相交，衍生萬物之義。〔註9〕

（三）「法天象地」的規劃原則。如元大都初建時，宮室、王府的位置皆依堪輿星相之說而定，正如《析津志》所云：「其內外城制與宮室、王府，並係聖裁，與劉秉忠率按地理經緯，以王氣為主。故能匡輔帝業，恢圖丕基，乃不易之成規，衍無疆之運祚」。〔註10〕中書省「奠安以新都之位，置居都堂於紫薇垣」，〔註11〕象徵紫微星拱衛大內。再如海子居大都之中，「取象星辰紫宮之後，閣道橫貫，天之銀漢也」。〔註12〕

（四）元大都平面東西、南北方向各占 95 個平格，附會《周易》「九五之尊」之義。

（五）整座城市由外城、皇城、宮城三道城垣組成，宮城、皇城都位於城市南北中軸線上，這是自曹魏鄴城、北魏洛陽城以來中原王朝都城的固定格局。皇城周回「可二十里」，宮城周回「九里三十步」，皇城與宮城的周回尺度沿用宋、金舊儀。

（六）參照漢族都城禮制建築的位置設置祭壇，如將南郊壇、先農壇設在城外東南之地等。

（七）建築群布局與建築形制吸收唐、宋、金的特點，並有所創新。

與和林、上都相比，元大都的城市形態明顯地體現出漢族都城制度的影響，這無疑與忽必烈懷柔士人、鞏固政權的意圖有關。忽必烈在採用漢法的同時，注意保留蒙古族的傳統，大都的規劃設計中亦必然融入草原生活習俗。此外，元朝的疆域橫跨歐亞大陸，元帝不僅是中原地區的君主，亦是各藩國共推的大汗，中央政府與各藩國雖只是名義上的統領關係，但之間的交往還是比較頻繁的。如果元大都的規劃設計全依漢法，勢必引起草原游牧貴族的

〔註9〕 參見于希賢《〈周易〉象數與元大都規劃布局》，《故宮博物院院刊》，1999 年第 2 期。此外，陳學霖認為十一門與哪吒城的傳說有關，象徵哪吒三頭六臂兩足，亦可聊備一說，參見陳學霖《劉伯溫與哪吒城：北京建城的傳說》，臺北：東大圖書公司，1996 年。

〔註10〕 《析津志輯佚》，朝堂公宇，33 頁。

〔註11〕 《析津志輯佚》，朝堂公宇，8 頁。

〔註12〕 《元一統志》，15 頁。

反對。蒙古族習俗對元大都城市形態的影響主要體現在：

（一）將太液池與海子納入城市中心，大內與西內分別位於太液池東西兩岸，這是以往都城所未有的，是蒙古族「逐水草而居」的生活習俗的體現。

（二）移植蒙古族特有的建築形式與裝飾手法，如大內宮殿旁有十一室皇后斡耳朵，西內建有水晶殿、香殿、棕毛殿、水心亭等。大內及隆福、興聖二宮的正殿內均設御榻、坐床與酒甕，寢殿普遍使用壁衣和地毯，明顯沿用斡耳朵的室內裝飾手法。再如元大都城牆上築白色女牆，與蒙古族尚白習俗有關，具有鮮明的草原特色。

由此可見，元大都的城市形態以漢族傳統都城制度為主，同時融入蒙古族生活習俗與建築特點，是漢法與蒙古法融匯參用的體現。元代實行兩都制，元帝每年春季北上上都，秋季草將枯時返回大都。大都作為中原地區的政治中心，城市形態以漢制為主，與蒙元統治者籠絡中原民心的意圖有關。上都的城市形態則以蒙制為主，城市布局自由，充滿濃鬱的草原生活氣息。

蒙元諸帝的漢化傾向是影響元大都城市形態的一個重要因素。由於漢族儒士集團的積極爭取，元代的幾位帝王深受中原文化薰染，在位其間，漢法在政治體制中呈上升之勢，如仁宗、英宗、文宗朝等。而另外一些有較深草原背景的帝王，則從維護本民族利益出發，執政期間蒙古舊製成為國家制度的主流。蒙元統治者的思想傾向直接影響到元大都城市形態，如仁宗所建大承華普慶寺一改敕建佛寺蒙、藏、漢建築特點相融匯的模式，平面布局接近漢地佛寺。泰定帝由漠北草原入繼大統，對漢法所知甚少，〔註13〕將很多蒙古、色目民族特有的建築類型帶入元大都，如在西內所建的水晶殿、木香亭、畏吾兒殿等。由於蒙元帝王兼具中原國君與藩國大汗的雙重身份，即便同一位帝王，在位期間的思想傾向也時有變化，同樣會對元大都的城市形態產生影響。例如，元大都蒙古、色目與漢族官僚集團勢力的消長與世祖的思想變化，在元大都孔廟、國子學與蒙古國子學、回回國子學的建造上有著清楚地體現。

通過本文的研究，可以清楚地看到建築群的基址規模與其等級的關係。蒙元統治者敬天畏天，認為天具有無上的神性，各種宗教的信徒皆是「告天的人」。即便如位居諸宗教之上的藏傳佛教，地位亦不足與天神崇拜相頡頏。

〔註13〕 參見李治安《元代晉王封藩問題探討》，《元史論叢》，第五輯，中國社會科學出版社，1993年8月，112～130頁。

元大都麗正門外爲祭天而建的南郊壇，基址規模達 308 畝，遠遠超過其他宗教建築的基址規模。蒙元統治者在本民族的天神信仰之外，最崇奉藏傳佛教。元大都敕建佛寺的基址規模都在百畝之上，大都城內的大天壽萬寧寺佔地 222 畝，大聖壽萬安寺 200 畝，規模相當之巨。漢地佛教寺院與道教宮觀的基址規模則多在 30 畝以內，遠遜敕建佛寺，僅與皇室關係密切的崇國寺、能仁寺、崇眞萬壽宮、天師府以及劉秉忠親自擇址的都城隍廟的基址規模突破 50 畝。

再如，元大都城內的行政機構用地與其品秩直接相關。元大都中書省、樞密院、御史臺的基址規模亦處於同一等級，均在 200 畝以上。樞密院、御史臺爲從一品，原則上受制於中書省，但樞密院基址規模 226 畝，御史臺 210 畝，均略超過中書省 203 畝的規模。從基址規模的對比中，可以看出元代省、院、臺並稱的實際情勢。

元大都新城建成後，忽必烈下詔規定每戶住宅基址規模上限爲 8 畝，但至大年間靈椿坊內就有多處住宅的用地超過 8 畝，甚至達 20 畝以上，從中可以看出至元後期住宅兼併的情況。通過各坊住宅基址規模的對比，亦可大致瞭解元大都不同區域的居民等級構成及變化。

根據現有的考古發掘材料與歷史文獻，可以推測元大都皇城之東以及東南的位置屬權貴住宅區，元代實行四等人制，此區所居應多爲蒙古、色目貴族。西內以北的位置屬中貴人宅邸，海子岸邊富戶集中，國學東側的居賢坊爲漢族士臣住區。元大都北部地勢低窪不平，是下層民眾集中的地方。這一排列方式，與蒙古族將首領妻子們的斡耳朵布置在首領大斡耳朵兩側，部民、奴僕的營帳向北依次延展的居住習俗是一致的。元大都的城市布局實際是蒙古族游牧部落營寨的寫仿，皇城相當於部落首領的大斡耳朵，等級越低的居民距中心越遠。

禮制建築象徵君權神授。在漢族都城中，國家祭禮以其廣泛的社會參與性成爲社會整合的有效手段。〔註14〕皇帝的祭祀活動常與民間諸禮儀相結合，世俗色彩增強，達到緩和紓解各階層間對立的效果。南郊祭天是中原王朝統治者尤爲重視的祭祀活動。唐代南郊禮有皇族百官參加，並通過祭天之後的大明宮丹鳳門大赦與城內寺院俗講等活動影響到民間生活。北宋南郊的祭祀路線由大內經大慶殿（明堂）、太廟、景靈宮至圜丘，華麗壯觀的行列吸

〔註14〕參見妹尾達彥《唐長安城的禮儀空間——以皇帝禮儀的舞臺爲中心》，載溝口雄三主編《中國的思維世界》，江蘇人民出版社，2006 年 8 月，466～498 頁。

引全城居民觀瞻。祭祀活動異常喧囂，祭祀完畢後祭品賞賜給參加祭祀的人員。太祖以降的諸帝皆遵從「三歲一郊」的慣例，其餘年份則遣官攝祀。而有元一代，僅漢化程度較深的文宗與順帝親祀南郊，且祭祀活動「皇族之外，無得而與」。〔註15〕按漢法興建的禮制建築，並未起到宣揚政權合法化與社會整合的作用。

元大都城內吸引士庶廣泛參與的活動是「遊皇城」，屬白傘蓋佛事的一部分，《析津志》載「遊皇城」之盛況云：

> 其例於慶壽寺都會，先是得旨，後中書札下禮部，行移各屬所司，默整教坊諸等樂人、社直，鼓板、大樂、北樂、清樂，儀鳳司常川提點，各宰輔自辦嬌子車，凡寶玩珍奇，希罕蕃國之物，與夫百禽異獸諸雜辦，獻賞貢奇互相誇耀，於以見京師極天下之壯麗，於以見聖上兆開太平與民同樂之意；下戶部關撥錢糧，應付諸該衙門分辦社直等用，各投下分辦簇馬隻孫筵會，俱是小小舍人盛飾以顯豪奢。凡兩京權勢之家，所蓄寶玩盡以角富。〔註16〕

「遊皇城」行伍「珠玉金繡，裝束奇巧，首尾排列三十餘里」，大都道路兩旁「都城士女，闐闐聚觀」。〔註17〕這一活動具有廣泛的社會性，成為皇族、士庶普遍參與的狂歡節日，從表演的內容看，藏傳佛教的色彩很濃。藏傳佛教因與蒙古族的薩滿信仰有某種契合之處，頗得蒙元帝王尊崇。作為社會整合手段的慶典儀式，亦由漢族都城中以儒家思想為核心的祭祀禮儀轉變為以藏傳佛教為核心的遊皇城等活動。

元大都禮制建築依漢法而建，基址規模根據祭祀對象的神格確定，而判斷神格高低的標準卻是蒙古族的觀念。在蒙古人的信仰世界中，天具有最高的神性，對日月星辰的祭祀都納入祭天儀式之中，祖神崇拜僅次於天神，地神最初與天神合祭，後來逐漸融入祖神崇拜之中。元大都的禮制建築中，南郊壇的基址規模最大，為308畝，太廟的基址規模僅次於南郊壇，為234畝。社稷壇遲至至元三十年（1293）方得動工，基址規模僅為40畝，遠小於南郊、社稷二壇的規模。而歷代漢族王朝都城北郊均設的祭祀皇地祇的方丘壇，終元之世始終未設，正是蒙古族神格觀念的體現。在依漢法建造的南郊、太廟

〔註15〕《元史》，卷72，志第23，祭祀一，郊祀上，1781頁。
〔註16〕《析津志輯佚》，歲紀，214～215頁。
〔註17〕《元史》，卷77，志第二十七下，祭祀六，1926～1927頁。

與社稷壇中，祭祀活動亦雜糅蒙古禮俗。太廟祭禮中甚至引入藏傳佛教的因素，蒙古巫覡充任祭祀活動的實際主持者，這是歷代漢族王朝所未有的。

在中原王朝的都城中，太乙神壇多位於東郊，神格並不重要。因其祭祀對象爲天神，卻深得蒙元帝王重視，元大都的太乙神壇設於皇城東南毗鄰大內的重要位置。蒙古大汗拜天拜日面向東南，將太乙神壇置於大內東南，亦是依照蒙古族習俗而確定的。海子橋畔的火德眞君廟，地近元大都南北中軸線，是文獻所見元代唯一重修的前代道教宮觀，顯然與蒙古族火神崇拜有關。

具有元室家廟性質的燒飯園，位於元大都皇城東北的蓬萊坊南，與大內僅一牆之隔，祭儀全依蒙古舊俗。燒飯園的基址規模爲 95 畝，有意附會九五之義，元室每歲遣蒙古官員與后妃致祭，足見對本民族習俗的異常重視。元帝每年都在上都西北祭天、祭祖，而極少親臨大都城內依漢法而建的南郊、太廟、社稷之壇，由此可以看出漢法在蒙元統治者心目中的實際地位。

綜上所述，元大都城市形態較多地體現著中原王朝都城制度的影響，這與蒙元統治者籠絡人心、鞏固政權的意圖密切相關。實際上，蒙古族的觀念、制度、習俗深刻地影響到元大都的平面布局與建築群的基址規模。元大都城市形態中，漢族的形式與蒙古族的內容是互爲表裏的，其實質是「蒙古至上」思想的體現。

至正二十八年（1368），元順帝「開健德門北奔」，[註18] 爲明代留下一個異常美麗的大都城。明初改大都爲北平府，以其城圍過大，遂在元大都北城牆以南五里處另築新牆，仍設兩門。永樂十七年（1419），又將北京南城牆向南推移二里，仍闢三門。永樂十八年（1420）按洪武舊制營建北京宮闕，宮城隨之南移。明代將修築護城河而挖掘出來的泥土壓在元大內後宮延春閣的基址上，堆積成山，名萬歲山，作爲鎮壓前代王氣的「鎮山」。[註19]

明代北京城的規劃布局，在繼承元大都的基礎之上又有進一步的發展。明北京沿用元大都的中軸線，城市道路系統亦與元代無異。元大都建造的敕建佛寺、基督教、伊斯蘭教、薩滿教等建築，多作爲異族異文化的象徵遭徹底摧毀，而郊壇、孔廟國子學、倉庫、衙署、漢地佛寺與道觀等則基本爲明

〔註18〕《元史》，卷 47，本紀第 47，順帝十，986 頁。
〔註19〕參見鄭連章《萬歲山的設置與紫禁城位置考》，《故宮博物院院刊》，1990 年第 3 期；李燮平《明初徐達築城與元大內宮殿的拆毀》，《故宮博物院院刊》，1997 年第 2 期。

代沿用或改建。元大都城市規劃與建築群設計所採用的平格網，亦爲明代所沿用，元、明建築群的基址規模與建築模式存在著內在一致性。儘管明人對此諱莫如深，明北京沿襲元大都的城市形態，仍是相當明顯的。

元大都建造之時，由於金中都故城尙存，宮城只能居於中軸線偏南的位置，將中都故城改作大都南城。而明初營建北京時，大都南城業已廢圮，明北京城南牆南徙，使宮城接近城市中心的位置，符合《周禮·考工記》中宮城位居城市之中的理想模式。然而，這一改造將元大都城文明門外的一段通惠河河道包入北京內城之中，致使通惠河上游完全截斷，江南的船隻再也無法泊於積水潭上，積水潭東北岸不復元代的富庶繁華，積水潭水面也逐漸縮小起來。〔註 20〕「城內水面的塡塞收縮以至消失，直接影響一部分具有城市遊樂共享性質的寺廟之興廢」，〔註21〕對明代北京的城市形態產生較大影響。

概而言之，元大都城市形態繼承了中原王朝都城制度，同時融入蒙古族建築特點與生活習俗，並直接影響到明、清北京城，在中國古代都城建設史上具有承前啓後的地位。

〔註20〕 參見侯仁之《明清北京城》，《侯仁之文集》，78～92 頁。
〔註21〕 李孝聰《北京城市職能建築分佈》，載侯仁之主編《北京城市歷史地理》，北京燕山出版社，2000 年，212 頁。

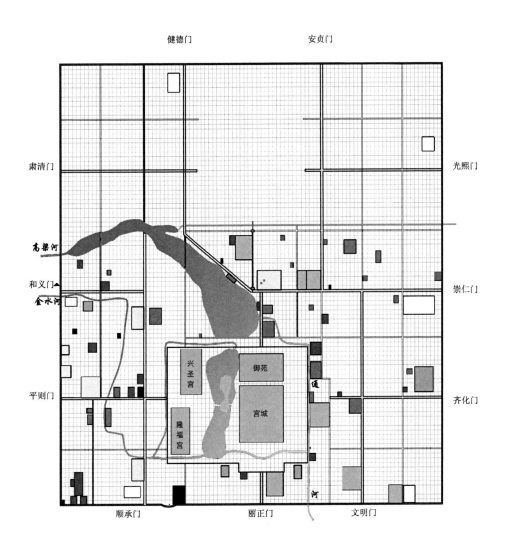

健德门　　　　　　安贞门

肅清門　　　　　　　　　　　　　光熙门

高梁河

和义门

金水河

崇仁门

兴
圣
宫

御苑

宮城

通

平则门

隆
福
宫

齐化门

河

順承門　　　　　丽正门　　　　文明门

附圖　元大都城內各類建築分佈及與平格網關係圖

參考文獻

基本文獻

1. （元）孛蘭肹等撰，趙萬里校輯《元一統志》，中華書局點校本。

2. （元）程鉅夫《雪樓集》，四庫本。

3. （清）福格《聽雨叢談》，中華書局，1984 年。

4. （明）郭磐《皇明太學志》，明刊本。

5. （元）胡助《純白齋類稿》，四庫本。

6. （清）嵇璜《欽定續文獻通考》，四庫本。

7. （明）蔣一葵《長安客話》，北京古籍出版社，1994 年。

8. （明）郎瑛《七修類稿》，中華書局，1960 年。

9. （明）劉若愚《酌中志》，北京古籍出版社，2000 年。

10. （明）劉侗、於弈正《帝京景物略》，北京古籍出版社，2000 年。

11. （元）劉壎《水雲村稿》，四庫本。

12. （後晉）劉昫《舊唐書》，中華書局，1975 年。

13. （宋）孟元老《東京夢華錄全譯》，貴陽人民出版社，1998 年 7 月。

14. （宋）歐陽修《新唐書》，中華書局，1975 年。

15. （明）瞿九思《孔廟禮樂考》，四庫全書存目叢書，齊魯書社，1996 年。

16. （明）失名《北平考》，（明）蕭洵《故宮遺錄》，北京出版社，1963 年 3 月。

17. （元）宋褧《燕石集》，四庫本。

18. （明）宋濂等撰《元史》，中華書局，1976 年 4 月。

19. （元）蘇天爵《元朝名臣事略》，中華書局點校本。

20. （元）蘇天爵《元文類》，四庫本。

21. （元）陶宗儀撰《南村輟耕錄》，中華書局，1959 年 2 月

22. （元）陶宗儀《元氏掖庭記》，四庫本。

23. （元）薩都拉《雁門集》，上海古籍出版社，1982 年 1 月。

24. （明）沈榜《宛署雜記》，北京出版社，1961 年。

25. （元）釋念常《佛祖歷代通載》，四庫本。

26. （元）蘇天爵《元文類》，上海：商務印書館，1936 年。

27. （元）蘇天爵《元名臣事略》，四庫本。

28. （清）孫承澤《春明夢餘錄》，上海古籍出版社，1993 年。

29. （清）孫承澤《天府廣記》，北京古籍出版社，1984 年。

30. （元）脫脫等《遼史》，中華書局版。

31. （元）脫脫等《金史》，中華書局，1975 年。

32. （元）脫脫等《宋史》，中華書局，1977 年。

33. （元）《通制條格》，臺灣華文書局據北平圖書館藏書影印。

34. （明）謝縉《永樂大典》，中華書局，1986 年。

35. （元）許衡《許魯齋集》，上海：商務印書館，1936 年。

36. （宋）徐夢莘《三朝北盟會編》，上海古籍出版社，1987 年。

37. （清）徐松《宋會要輯稿》，中華書局，1957 年。

38. （元）熊夢祥《析津志輯佚》，北京古籍出版社，1983 年 9 月

39. （元）姚燧《牧庵集》，四部叢刊初編，商務印書館。

40. （明）葉子奇撰《草木子》，中華書局，1959 年 5 月。

41. （元）虞集《道園學古錄》，四庫版。

42. （元）王士點《禁扁》，四庫版。

43. （元）王士點、商企翁編，高榮盛點校《秘書監志》，浙江古籍出版社，
1992 年 6 月。

44. （宋）汪元量撰，孔凡禮輯校《增訂湖山類稿》，中華書局，1984 年 6
月。

45. （元）王惲《秋澗集》，四庫本。

46. （清）文慶《欽定國子監志》，北京古籍出版社，2000 年。

47. （清）吳長元《宸垣識略》，北京古籍出版社，1983 年。

48. （元）吳澄《吳文正集》，四庫本。

49. （元）耶律楚材《湛然居士集》，四庫本。

50. （宋）宇文懋昭《大金國志》，中華書局，1986 年。

51. （清）于敏中等編纂《日下舊聞考》，北京古籍出版社，1983 年 5 月。

52. （明）張爵《京師五城坊巷胡同集》，北京古籍出版社，1982 年。

53. （元）張昱《可閒老人集》，四庫本。

54. （清）張廷玉《明史》，中華書局，1974 年。

55. （元）趙承禧等編《憲臺通紀（外三種）》，浙江古籍出版社，2002 年 10 月。

56. （元）趙孟頫《松雪齋集》，四庫本。

57. （清）震鈞《天咫偶聞》，北京古籍出版社，1982 年。

58. 中敕《大唐開元禮》，民族出版社，2000 年。

59. （明）朱國禎《湧幢小品》，中華書局，1959 年。

60. （元）《元典章》

61. （元）《元代畫塑記》，北京：人民美術出版社，1964 年。

62. 萬曆《大明會典》

63. 《明太祖實錄》

64. 《明太宗實錄》

65. 《鳳陽府志》

66. 《嘉慶一統志》

今人著述

1. （法）貝凱，耿升譯《柏朗嘉賓蒙古行紀》，中華書局，2002 年蔡巴·貢噶多吉著，陳慶英譯《紅史》，西藏人民出版社，2002 年。

2. 北京社會科學院《北京通史（第七卷）》，中國書店，1994 年。

3. 蔡美彪《元代白話碑集錄》，科學出版社，1955 年 2 月。

4. 蔡志純《元代「燒飯」之禮研究》，《史學月刊》，1984 年 1 月。

5. 陳高華《遼金元宮詞》，北京古籍出版社，1988 年。

6. 陳高華《人海詩區》，北京出版社，1994 年。

7. 陳高華《元大都》，北京出版社，1982 年。

8. 陳高華《元代大都的皇家佛寺》，《世界宗教研究》，1992 年 2 期。

9. 陳高華、史衛民《元上都》，吉林教育出版社，1988 年。

10. 陳述《論遼、金、元的「燒飯」之俗》，《歷史研究》，1980 年 5 月。

11. 陳戍國著《中國禮制史（元明清卷）》，湖南教育出版社，2002 年 2 月。

12. 陳垣《元也里可溫考》，商務印書館，1923 年。

13. 陳垣《道家金石略》，文物出版社，1988 年。

14. 陳宗蕃《燕都叢考》，北京古籍出版社，1994 年。

15. 崔永福《漫談歷史上的北京人口》,《北京史苑》,第二輯,北京出版社,1985 年。

16. (英)道森《出使蒙古記》,中國社會科學出版社,1983 年。

17. 鄧奕、毛其智《從〈乾隆京城全圖〉看北京城街區構成與尺度分析》,《城市規劃》2003 年 10 期。

18. (瑞典)多桑《多桑蒙古史》,中華書局,2004 年。

19. 馮承鈞譯《馬可波羅行紀》,中華書局,1954 年。

20. 奉寬《燕京故城考》,《燕京學報》,第 5 期。

21. (蘇)Б・Я・符拉基米爾佐夫著,劉榮焌譯《蒙古社會制度史》,中國社會科學出版社,1980 年 3 月。

22. 傅熹年《元大都大內宮殿的復原研究》,《考古學報》1993 年 1 期。

23. 傅熹年《中國古代城市規劃、建築群布局及建築設計方法研究》,中國建築工業出版社,2001 年 9 月。

24. 高榮盛《元代祭禮三題》,《南京大學學報》,2000 年第 6 期。

25. 葛劍雄、吳松弟《中國人口史(第三卷)》,復旦大學出版社,2000 年。

26. 葛兆光《中國思想史》,第二卷,復旦大學出版社,2000 年。

27. 闞鐸《元大都宮苑圖考》,營造學社彙刊第二期。

28. 耿升,何高濟譯《魯布魯克東行紀》,中華書局,2002 年。

29. 國家圖書館善本金石組編《遼金元石刻文獻全編(全三冊)》,北京圖書館出版社,2003 年 3 月。

30. 韓光輝《北京歷史人口地理》,北京大學出版社,1996 年 2 月。

31. 何紹《新元史》,北京:中國書店,1988 年。

32. 侯仁之《元大都城與明清北京城》,《故宮博物院院刊》,1979 年第 3 期。

33. 侯仁之主編《北京城市歷史地理》,北京燕山出版社,2000 年。

34. 胡明《元中都漢文化的展示》,《社會科學論壇》2002 年 8 期。

35. 胡其德《十二三世紀蒙古族的宗教信仰》,《禮俗與宗教》,中國大百科全書出版社,2005 年。

36. 胡務《元代廟學——無法割捨的儒學教育鏈》,巴蜀書社,2005 年。

37. 黃進興《優入聖域:權力、信仰與正當性》,臺北:允晨文化實業公司,1994 年。

38. 黃時鑒《元朝廟制的二元性特徵》,《元史論叢》,第五輯,中國社會科學出版社,1993 年。

39. 賈洲傑《元上都》,《內蒙古大學學報》,1977 年 3 期。

40. 賈洲傑《元上都的經濟與居民生活》,《蒙古史研究》第 2 輯。

41. 賈洲傑《元上都調查報告》，《文物》1977 年 5 期。

42. （日）箭內亙《元朝怯薛及斡耳朵考》，上海：商務印書館，1933 年。

43. 姜舜源《天壇史地考略》，《故宮博物院院刊》，2000 年第 6 期。

44. 李燮平《燕王府所在地考析》，《故宮博物院院刊》，1999 年 1 期。

45. 李燮平《明初徐達築城與元大內宮殿的拆毀》，《故宮博物院院刊》，1997 年第 2 期。

46. 李修生主編《全元文》，江蘇古籍出版社，1999～2005 年。

47. 李學勤主編《十三經注疏》，北京大學出版社，1999 年 12 月。

48. 李逸友《內蒙古元代城址概說》，《內蒙古文物考古》，1986 年 4 期。

49. 李逸友《內蒙古元代城址所見城市制度》，中國考古學會編《中國考古學會第五次年會論文集 1985》，文物出版社，1988 年 3 月。

50. 李逸友《元上都大安閣址考》，《內蒙古文物考古》，2001 年 2 期。

51. 李治安《元代上都分省考述》，《文史》第 60 輯，中華書局，2002 年。

52. 李治安《元代政治制度研究》，人民出版社，2003 年 9 月。

53. 李作智《論遼上京城的形制》，中國考古學會編《中國考古學會第五次年會論文集 1985》，文物出版社，1988 年 3 月。

54. （英）穆爾《一五五〇年前的中國基督教史》，中華書局，1984 年。

55. （日）牧野修二《論元代廟學書院的規模》，《齊齊哈爾師院學報》，1988 年第 4 期。

56. 潘谷西、陳薇《明代南京宮殿與北京宮殿的形制關係》，《中國紫禁城學會論文集》，第一輯，紫禁城出版社，1997 年。

57. 齊木德道爾吉主編《蒙古史研究》（第 8 輯），內蒙古大學出版社，2005 年 6 月。

58. 卿希泰《中國道教史》，四川人民出版社，1996 年。

59. 任宜敏《中國佛教史 元代》，人民出版社，2005 年。

60. 單士元《北京明清故宮的藍圖》，《科技史文集》，第 5 輯，上海科學技術出版社，1980 年。

61. 上海古籍出版社，上海書店編《蒙兀兒史記》，1989 年。

62. （美）施堅雅著，王旭等譯《中國封建社會晚期城市研究——施堅雅模式》，吉林教育出版社，1991 年 2 月。

63. 石守謙《大汗的世紀：蒙元時代的多元文化與藝術》，臺北：故宮博物院，2001 年。

64. 史衛民《元代社會生活史》，中國社會科學出版社，1996 年 1 月。

65. 宋德金《「燒飯」瑣議》，《中國史研究》，1983 年 2 月。

66. 宿白《藏傳佛教寺院考古》，文物出版社，1996 年。

67. 蘇天鈞《郭守敬與大都水利工程》，《自然科學史研究》，1983 年 1 期。

68. 孫克寬《元代上都略考》，《蒙古漢軍及漢文化研究》，臺灣文星書店，1958 年。

69. 王璧文《元大都城坊考》，《中國營造學社彙刊》6—3。

70. 王燦熾《談元大都的城牆和城門》，《故宮博物院院刊》1984 年 4 期。

71. 王燦熾《元大都鐘鼓樓考》，《故宮博物院院刊》1985 年 4 期。

72. 王貴祥《關於中國古代宮殿建築群基址規模問題的探討》，《故宮博物院院刊》，2005 年第 5 期。

73. 王貴祥《東西方的建築空間：傳統中國與中世紀西方建築的文化闡釋》，天津：百花文藝出版社，2006 年。

74. 王國維《黑韃事略箋證》，文殿閣書莊，1936 年。

75. 王建軍《元代國子監研究》，澳亞週刊出版有限公司，2003 年 8 月。

76. 王劍英《明中都研究》，中國青年出版社，2005 年。

77. 王培華《元明北京建都與糧食供應——略論元明人們的認識和實踐》，北京出版社出版集團，文津出版社，2005 年 3 月。

78. 王璞子《元代大都城平面規劃述略》，《故宮博物院院刊》1963 年 3 期。

79. 王頲點校《廟學典禮（外二種）》，浙江古籍出版社，1992 年 3 月。

80. 魏堅《元上都及周圍地區考古發現與研究》，《內蒙古文物考古》1999 年 2 期。

81. 吳承洛《中國度量衡史》，上海書店，1984 年。

82. 吳宗國《中國古代官僚政治制度研究》，北京大學出版社，2004 年。

83. 新文豐出版公司編輯部編《石刻史料新編》，臺北：新文豐出版公司，1979 年。

84. 許道齡《北京佛教之傳入及佛寺之發展》，《史學集刊》第六期，前北平研究院史學研究所，1950 年。

85. 徐蘋芳編著《明清北京城圖》，地圖出版社，1986 年。

86. 徐蘋芳《北京房山也里可溫石刻》，《中國文化》，1993 年第 7 期。

87. 徐蘋芳《元大都也里可溫十字寺考》，《中國考古學研究——夏鼐先生考古五十週年紀念文集》（一），文物出版社，1986 年。

88. 徐蘋芳《元大都樞密院址考》，《慶祝蘇秉琦考古五十五年論文集》，文物出版社，1989 年。

89. 蕭啟慶《近五年來海峽兩岸元史研究的回顧——1992～1996》，《元朝史新論》，臺北：允晨文化實業股份有限公司，1999 年。

90. 蕭啓慶《蒙元史新研》，臺北：允晨文化出版，1994 年。

91. 葉新民《元上都的社會經濟》，《內蒙古大學學報》1989 年 4 期。

92. 葉新民《元上都的宗教》，《內蒙古大學學報》1985 年 2 期。

93. 葉新民《元上都樓閣宮殿考》，《內蒙古大學學報》1987 年 3 期。

94. 葉新民《元上都研究》，內蒙古大學出版社，1998 年。

95. 余大鈞譯注《蒙古秘史》，河北人民出版社，2001 年。

96. 于光度《北京的官倉》，《北京文物與考古》，第一輯，北京市文物研究所，1983 年。

97. 于希賢《〈周禮‧考工記〉與元大都規劃》，《文博》2002 年 3 期。

98. 于希賢《〈周易〉象數與元大都規劃布局》，《故宮博物院院刊》，1999 年第 2 期。

99. 于傑、于光度《金中都》，北京出版社，1989 年 9 月。

100. 札奇斯欽《蒙古文化與社會》，臺北：臺灣商務印書館，1987 年。

101. 章乃煒《清宮述聞》，北京古籍出版社，1988 年。

102. 張清常《北京街巷名稱史話——社會語言學的再探索》，北京語言文化大學出版社，1997 年。

103. 張十慶《中國江南禪宗寺院建築》，湖北教育出版社，2001 年。

104. 張星烺《中西交通史料彙編》，中華書局，1978 年。

105. 張秀華《蒙古族生活掠影》，瀋陽出版社，2001 年 12 月。

106. 張郁《元上都故城》，《內蒙古文物資料選輯》，內蒙古人民出版社，1964 年。

107. 趙克生《明朝嘉靖時期國家祭禮改制》，社會科學文獻出版社，2006 年。

108. 趙正之《元大都平面規劃復原研究》，《科技史文集》第 2 集，1979 年。

109. 鄭連章《紫禁城裏斷虹橋》，《紫禁城》，1980 年 4 期。

110. 鄭連章《萬歲山的設置與紫禁城位置考》，《故宮博物院院刊》，1990 年第 3 期。

111. （波斯）志費尼《世界征服者史》，江蘇教育出版社，2005 年。

112. （日）中村圭爾，辛德勇《中日古代城市研究》，北京：中國社會科學出版社，2004 年 3 月。

113. 中國社會科學院考古研究所《北京後英房元代居住遺址》，《考古》1972 年 6 期。

114. 中國社會科學院考古研究所《北京西絛胡同和後桃園的元代居住遺址》，《考古》1973 年 5 期。

115. 中國社會科學院考古研究所《元大都的勘查和發掘》，《考古》，1972 年 1 期。

116. 中國社會科學院考古研究所《陝西西安唐長安城圜丘遺址的發掘》,《考古》,2000 年第 7 期。

117. 周繼中《元大都人口考》,《北京史論文集》,1980 年。

118. 朱鈴鈴《元大都的坊》,《殷都學刊》1985 年 3 期。

119. 朱契《元大都城坊圖考》,《中國營造學社彙刊》6—4。

120. 朱啓鈴校刊《梓人遺制》,永樂大典本,京城印書局,1933 年。

121. 朱紫江、闞澤《元大都宮苑圖考》,《中國營造學社彙刊》1—2。

122. (日)愛宕松男《元の大都》,《歷史研究》14—12。

123. (日)村田治郎《元大都の都市計劃に關する一考察》,《滿洲學報》三號,1934 年。

124. (日)渡邊健哉《元朝の大都留守司につぃて》,《文化》66—1、2,2002 年。

125. (日)斯波義信《中國都市史》,東京大學出版會,2002 年 6 月。

126. (日)岩村忍《元の大都》,《蒙古》115

127. (日)中村淳《元代大都の敕建寺院をめぐつて》,《東洋史研究》,58—1。

128. (日)中村淳《元代法旨に見ぇみ歷代帝師の居所～大都の花園大寺と大護國仁王寺》,《待兼山論叢》27,1993 年。

致　謝

　　史學家喜歡將自己比作偵探。自從將元大都作為自己的研究題目後，平時的時間除科研項目外，就基本是在圖書館中度過了。三年多來跑遍了北京的各條胡同，對照文獻中的吉光片羽，在腦海中重構一個元代的都城，在街巷中尋找歷史的感覺，在一個陌生的世界中不斷深入探索。論文做得投入，也做得開心。彷彿看到大汗蠻輅北行，馬蹄揚起塵煙滾滾；白傘蓋下寶車瑰奇，滿城士女競相觀瞻；海子岸旁歌樓酒肆，文人學士宴飲唱和；通惠河內舳艫蔽水，四方商賈往來穿梭；感受到烈烈的馬湩酒香，憧憧的教坊樂舞和濃濃的草原情韻……

　　衷心感謝業師王貴祥先生對論文的精心指導，每及念起業師的勤勉，便會為自己的偷懶感到愧疚。先生不僅是一位經師，更是一位人師，他的言傳身教將使我終生受益。

　　感謝郭黛姮先生、樓慶西先生、張復合先生、呂舟先生、劉暢老師的指點，感謝課題組各位老師和同窗們的幫助和支持。

　　感謝論文中提到的已謀面與未謀面的前輩時賢，本人從他們的出色研究中受益良多。

　　感謝圖書館人文社科閱覽室的各位老師，他們在論文寫作階段給予最大的寬容與耐心，為研究提供了極好的環境。

　　感謝我的父母。

　　本課題承蒙國家自然科學基金資助，特此致謝。

　　這篇論文伴我度過極其寶貴的在清華園的時光，讀書思考漸成一種生活習慣。青燈攤卷，自有一種難以言喻的快樂。